“老有所护”

中国长期照护保障的政策基础与改革实践

◎关 博/著

中国计划出版社
·北 京·

图书在版编目（CIP）数据
“老有所护” ：中国长期照护保障的政策基础与改革实践 / 关博著. -- 北京 ：中国计划出版社，2024. 10. -- ISBN 978-7-5182-1735-9
Ⅰ. D669.6
中国国家版本馆CIP数据核字第20241M3F57号

“老有所护”：中国长期照护保障的政策基础与改革实践
“LAOYOUSUOHU”：ZHONGGUO CHANGQI ZHAOHU BAOZHANG DE ZHENGCE JICHU YU GAIGE SHIJIAN

责任编辑：赵超霖（574129069@qq.com）
责任印制：李　晨

中国计划出版社出版发行
网址：www. jhpress. com
地址：北京市西城区木樨地北里甲11号国宏大厦C座4层
邮政编码：100038　电话：（010）63906433（发行部）
北京厚诚则铭印刷科技有限公司印刷

787mm×1092mm　1/16　13印张　155千字
2024年10月第1版　2024年10月第1次印刷

定价：60.00元

前言 Preface

人口老龄化既是21世纪全世界共同面临的挑战，更是我国贯穿“两个一百年”奋斗目标实现过程中的最基本国情。“十四五”时期，我国人口老龄化提速态势明显，呈现出老年人规模庞大、人口老龄化加速演进、高龄化与少子化并行等趋势。从先行国家人口演变历程看，人口老龄化与“失能潮”往往相伴相生。在人口老龄化形势日趋严峻、窗口期不断收窄的背景下，有必要建立起专门的保障政策满足失能老年人“老有所护”的基础需求。这需要政策研究者聚焦我国长期照护保障体系发展基础环节、风险条件，制度发展沿革与供给结构，结合我国的国情条件分析适宜的主体制度模式。在深入解剖供给侧的同时，围绕制度可持续发展这一命题，探讨我国长期失能人员的需求侧规模，以及不同的制度模式对失能照护需求的满足情况和成本覆盖状态，再结合国际经验，提出推动我国长期照护保障体系健全完善的改革建议。

本书总体聚焦一条主线和四大关键问题。一条主线是制度的供给侧与需求侧是否实现充分匹配，即在人口老龄化加速的背景下，我国应选择什么样的多层次照护保障供给机制，以及对应的照护保障供给机制是否能够满足人口老龄化的长期“失能潮”需要。基于供需耦合性分析，明确我国多层次长期照护保障的政策构成、主体架构与供给侧结构，也基于测算揭示在人口老龄化条件下，由于老龄化速度快、老年人群规模大，带来极其庞大的失能需求。目前我国长期照护保障的主体制度为长期护理保险制度，各地方试点模式对未来人口老龄化情况缺乏充分考量，制度的收支敞口压力巨大。因此，目前的长期照护保障供给机制不应是"老有所护"中国方案的最终版，应根据我国实际因地制宜地推动改革完善。

第一个关键问题是我国建立长期照护保障制度的政策条件和基础环境分析。人口老龄化是我国现阶段和未来中长期的重要国情条件和经济社会发展的约束性风险，由于老年人口规模大，老龄化速度快，我国必将面临猛烈的"失能潮"冲击。而人口老龄化进程与经济增长存在局部脱节的可能，使我国在应对高龄失能风险时物质财务积累受到制约，我国建立长期照护保障体系的窗口期已并不充裕。而面临"失能潮"问题，既不能依赖日趋小型化的家庭自保，市场机制又缺乏可靠的风险分散路径，借鉴国际经验探索建立适应我国基本国情的长期照护保障政策体系，是必需的制度选择。但也要看到，构建多层次长期照护保障体系虽然有着积极的保障条件，但当前经济下行压力加大，主体负担能力不足，赡养结构不合理和民生支出挤兑问题突出，就业方式发生明显变化影响制度有效扩面能力，这些因素都对制度加快建立和平稳运行带来不利影响。

第二个关键问题是我国多层次长期照护保障发展脉络与现阶段政策结构的分析。"长期照护"虽然是政策话语体系下的新生领域，但我国具备长期照护保障功能的兜底性养老服务、医养结合养老服务发展已久，相关政策需根据宏观环境变化而不断进行适应性调整。在积极应对人口老龄化上升为国家战略时，长期护理保险制度进行了广泛试点，多层次长期照护保障的主体制度基本稳定，供给侧结构更加清晰。目前，我国多层次长期照护保障体系以长期护理保险制度为主体，以面向困难老年人的照护供养和现金补助为兜底，以社会化养老服务和商业性护理保险为补充，在保障形式上，既有社会保险，也有社会救助，同时还有市场化的服务和保障形式，三者共同发挥了“老有所护”的基础作用。

第三个关键问题是如何选择我国长期照护保障主体制度的方案模式。从各国前期实践看，虽然都构建了针对长期失能人员的照护保障制度，但是基本制度选择、政策模式特征大相径庭，有的将长期照护嵌入医疗保障体系，有的建立独立的社会保障制度，有的以税收优惠为抓手推动商业性护理保险承担失能照护功能。就我国而言，基于前期试点实践和商业健康险推行情况，仍应把社会保障性质的长期护理保险作为主体制度模式。而在制度方案选择上，各地区确实呈现出分化特征，大样本聚类表明，各地方试点模式可以被归类为四种难以统一的制度方案，分别呈现出全民通道模式、全民板块模式、职工通道模式、职工板块模式，较大程度上影响了长期护理保险制度的结构公平性和制度的稳定性。

第四个关键问题是如何改革我国多层次长期照护保障体系。我国多层次长期照护体系虽然已初步勾勒，长期护理保险制度试点在走向纵深，但也要看到，长期护理保险制度基本架构还不清晰，各地分化特征突出，制度长期不可持续问题这一结构性矛盾并未得到有效化解，而长期护理保险制度与基本医疗保险制度的基础边界尚需进一步厘清，多层次保障体系自身的层次结构也尚待理顺。为推动基本制度更加健全，建议围绕提升公平性、改善可持续性，优化层次结构和保障供给方式，进一步完善基本制度设计，提高制度的长效保障能力。

本书共分为九章。第一章为长期照护保障的基本概念与文献综述。第二章聚焦分析我国发展长期照护保障制度的政策环境。第三章侧重分析我国多层次长期照护保障体系的发展沿革。第四章为我国多层次长期照护保障的制度供给结构分析。第五章从服务资源、关联保障和筹资支持视角，探讨我国长期照护保障体系的政策支撑。第六章探讨我国长期照护保障的主体制度方案选择与制度模式，分析目前政策方案分化对制度稳定运行的不利影响。第七章为需求侧视角下我国长期照护保障模式的可持续发展研究。第八章总结了主要国家长期照护保障制度经验。第九章研究提出推动我国长期照护保障更加规范发展的改革建议。

当前，中国长期护理保险制度的发展进入了一个新阶段，制度全面推广已是必然趋势。本书的相关判断、结论只是阶段性"一家之言"，希望为制度建设提供参考，也敬请各界朋友批评指导。

最后，我要特别感谢我所在的国家发展和改革委员会社会发展研究所对本书的撰写和出版予以全力支持，感谢中国计划出版社多位编辑老师的辛苦付出和努力。

目录 Contents

第一章

长期照护保障的基本概念与研究现状

一、长期照护保障及其制度功能

（一）关于长期照护的定义

长期照护的英文是“long term care”，也被翻译为“长期护理”“长期介护”。长期照护的基础概念是在1987年由美国老年学家Kane首次提出的，认为其是为先天或后天失能者提供医疗护理、个人照顾和社会性服务[1]。Kane（2001）进一步指出，保障老年人一定的生活质量是长期照护的核心基础，这里“一定的生活质量”，包括生活安全、生活舒适、经济保障、生活有序等诸多方面。由于这一概念较好地描述了老年人陷入失能状态后所需的医疗、社会服务和经济支持，因此被学界广泛采用，并逐步成为重要的学术和政策共识。

2000年，世界卫生组织发布《建立老年人长期照护政策的国际共识》的报告，计划在《维也纳老龄问题国际行动计划》和《联合国老年人原则》的基础上，推动将长期照护的内涵政策化，使其学理概念、基础倡议与一系列政策措施有机对应。在这一框架下，以确保缺乏自理能力的人获得最高生活质量为目标，通过家庭、邻里的非正式照顾机制，以卫生系统、社会养老机构等专业化供给机构为提供方，根据老年人的失能评估状态和个体需要提供持续支持的系统性活动。在这一活动中，要尽可能保证老年人的独立、自主性，要充分尊重个人价值与人类尊严。由此可见，在世界卫生组织

[1]　KANE R A，KANE R L. Long-Term Care: Principles，Programs，and Policies[M]. New York: Springer Pub. CO，1987.

的“长期照护”定义中，侧重服务提供，并考虑老年人的失能过程并非不可逆的，部分老年人失去的功能可以通过积极的康复治疗予以恢复，因此强调个性化服务。在服务内容上，认为老年人所需支持是广泛的，包括精神健康照护以及财政、社会和法律支持。

与世界卫生组织的宽泛定义相比，经济合作与发展组织对“长期照护”的定义更加聚焦，指不能独立维持日常生活的失能者，由正式和非正式的照护者对他们提供长期、持续的医疗和日常生活照料（房莉杰 等，2016）。这一定义强调了长期照护服务对象为特定群体，服务内容横跨生活照护和医疗护理，服务应具有长期性和持续性。其生活照护和医疗服务的兼顾性定位，以及关于需提供持续性服务的要求基本涵盖了长期照护的核心内涵。

根据上述定义，本书对长期照护的内涵进行如下界定：长期照护是以健康维持和生活状态改善为目标，以失能、半失能人群为服务对象，通过专业人员和符合条件的照护人员提供的长期医疗康复和生活支持性服务。与单纯的医疗护理相比，长期照护有如下特征。一是服务提供的长期性。长期照护服务对象为长期不能独立维持日常生活的失能人员，长期照护服务时效往往延续至失能、半失能人员的生命终末期，并不会因疾病因素消失和终止。二是服务来源的广泛性。服务既可能由正式的有资质的照护机构或专业人员提供，也可能是非正式的照护机制发挥作用。三是服务内涵的丰富性。长期照护既包括了必要的医疗支持手段，也涵盖了生活照护、精神慰藉等多元化社会支持形式。

（二）长期照护的基本功能

从内涵来看，长期照护并不是单一维度。一般认为，长期照护包括失能老年人所需的生活照护，对引发失能老年人功能进行式衰退的疾病提供维持性治疗和必要医疗护理，一些学者也把心理慰藉纳入长期照护范围（戴卫东，2016）。因此，长期照护与面向老年群体的老年医疗服务不同，也与单纯的社会养老服务有明显差别，是面向特定失能群体的全方位社会支持。

阳义南（2016）对于长期照护服务兼具的养老、医疗双重属性进行了说明。基于结构方程模型的模拟表明，接受长期照护干预与接受普通的医疗服务相比，健康产出效率更高，能够实现以较少的经济投入，提升对健康的改善和促进，既切实提高了老年人的生活质量，又改善了老年人的健康状态，并对提升老年人自理能力有积极作用。其原因在于，对于老年人而言，因身体机能老化、慢性病造成的大部分疾病，无法通过手术等医疗服务干预获得有效改善，而过度医疗同样会导致不必要的经济支出，导致在健康方面有投入而无产出。对于年迈的老年人，更宜通过稳定的照护服务维持他们的健康状态，改善生活质量。Mejhert 等（2013）的研究同样证实了，医疗卫生支出受老年人失能状态、生活质量的影响显著，当引入长期照护制度后，能够提升老年人的独立生活能力，提高生活质量，可以使老年人无效医疗需求降级转移，提高健康投入产出绩效，从而起到了节约医疗卫生费用的作用。

（三）关于长期照护保障的定义

在各国健康保险、医疗保障框架下，普遍不包含长期照护服务的报销和费用分担，长期照护成本也成为人口老龄化下的重要支出性风险，需要建立专门的制度安排。在社会医疗保障缺位的情况下，长期照护服务保障需求，最早由商业保险机制予以分担。美国商业保险界对长期照护保障做了最初定义。美国健康保险协会认为，长期照护保障是为消费者享受长期照护服务时发生的可能的账户服务费用提供保障。美国寿险管理协会认为，长期照护保障是为需要在家或专业机构得到持续稳定的照护服务的老年或罹患疾病、发生意外群体，提供支付医疗费用和其他相关服务费用补偿的保障机制。由此可见，商业健康保险视角下的照护保障侧重于费用补偿，但对于服务对象、服务来源等方面没有清晰厘定。

在社会保障[1]视角下，对长期照护保障的对象、待遇条件做了初步界定。戴卫东（2016）对照护保障的核心制度——护理保险予以定义，认为长期护理社会保险是国家颁布相关法律，以社会化的筹资方式，对患有慢性疾病或者处于生理、心理伤残状态而导致生活不能自理，在一个比较长的时期内需要依赖他人的帮助才能完成日常生活的人所发生的护理费用以及非正规护理者的补助进行分担给付的制度安排。杨波（2022）提出，长期护理保险是指那些由于年老、疾病或伤残等原因，需要对由专业护理机构或非正式护理人员进行长期护理的被保险人在接受护理的过程中发生的医疗和护理费用，进行补偿或提供长期护理服务的保险。

国内关于长期照护保障的称谓问题，一度存在一定的争议。部分实务工作者认为，所谓"长期照护"，侧重于失能群体所需的生活照护和其他各类社会支持，而"长期护理"与医疗护理间没有明确分野，侧重于面向失能人员的专业性护理服务。考虑到目前政策界、学界已普遍接受长期护理和长期护理保险的含义，在实践中各地长期护理保险的保障范围也远超过单独的医疗护理服务，因此就本书而言，将长期护理保险、高龄失能津贴等以长期照护为目的提供的经济保障制度，统一视为长期照护保障。本书中的长期照护保

[1] 相较于社会保险，社会保障概念更为宽泛，涵盖了社会保险、社会救济、社会福利、最低生活保障等多个部分。

障是指，由国家立法或出台专业法规颁行制度，通过财政、社会保障（以下简称社保）基金、个人缴费等社会化筹资方式形成保障基金，为因年老、疾病、伤残等原因发生失能的人员所需长期生活照料和与之密切关联的医疗护理服务，提供资金补偿和服务供给的制度安排。

二、老年人长期照护服务需求与成本预测的研究

（一）老年人长期照护服务需求

我国自2000年左右进入老龄化社会以来，人口老龄化速度不断加快。随着老年人的增加，失能问题也得到了学界的关注，我国失能老年人总量以及由此带来的长期照护服务需求问题，也成为长期照护保障领域的研究焦点。

林艳 等（2009）的研究发现，如果在2050年前，我国老年人生活自理能力依然能够维持1%左右的幅度，即达到1992—2002年的平均水平，到2050年我国因失能等原因需要长期照护服务的老年人总数约为1500万至2000万人。但如果此后我国老年人自理能力进步停滞，到2050年需要长期照护服务的老年人总数将达到2500万至3000万人。朱铭来 等（2009）测算发现，到2050年我国需要长期照护服务人数将达到3331万人，是2010年的2.6倍。但如果使用美国的失能判断标准，到2050年需要长期照护服务人数将攀升至5400万人。彭荣（2009）使用马尔科夫多状态转移模型的测算结果表明，2005—2050年，我国处于失能状态的老年人口数将从2173.0万增加到7077.6万。林宝（2015）以第六次全国人口普查数据为基础，测算失能人员规模发现，失能老年人总量将明显扩

大，并且呈现出单向度增长状态，总体保持着每年3%左右的增长，到2029年将突破1000万人，到21世纪中叶将逐步递增至1876万人。

在长期照护服务需求总量不断增加的同时，服务需求结构也呈现出一定的差异化特点。从年龄结构看，曾毅 等（2012）对人口老龄化下失能老年人结构和照护服务需求变动进行了预测，发现2050年以前，失能老年人增速会快于我国社会老龄化整体进展，在失能老年人中，高龄群体占比增长又快于低龄群体。从性别结构看，黄枫 等（2012）基于性别视角对失能照护需求进行了评估，认为女性在预期寿命上的相对优势，反而一定程度上放大了健康维持上的劣势，使在未来一段时期女性失能老年人占需要护理的失能老年人比例为64.3%~70.6%，占绝大多数比例。从失能群体特征结构看，张良文 等（2021）测算认为，到2050年失能老年人的总人数会增至2020年的2.09倍，达到9140万人，重度失能老年人数量增长是导致失能群体扩张的重要原因，2050年重度失能人数相当于基期的2.2倍，而轻度、中度失能人员人数则分别为基期的2.08倍和2.04倍。

（二）老年人长期照护服务成本预测

老年人失能数量的增长和照护服务需求的扩张，同样带来长期照护服务成本的激增，学者也对照护服务成本问题开展了深入研究。目前的研究在技术路径上聚焦于通过估算人口老龄化下失能人员发生率，以及失能人员需要长期照护服务的概率，结合照护服务单位成本变动，推算宏观照护服务总成本变动。在目前已有的研究中，侧重两方面研究内容。

一是以人口模型为本底，对我国照护服务总成本或单位老年人的照护成本进行测算。彭荣（2009）使用马尔科夫多状态转移模型测算老年人失能发生概率，进而推算认为，到2050年，我国老年人口护理费用的当年现值将增长到155542.3亿元，相当于2005年47754.3亿元的3.26倍。蒋承 等（2009）以多状态生命表法为基础方法，基于中国老年人健康长寿跟踪调查2002年和2005年数据，测算我国老年人向生活不能自理方向的转换概率和自理/伤残期望寿命，并用调查中关于生活照护、临终照护费用数据推算老年人所需照护成本，认为65岁男性老年人余生照护费用为7900元，女性老年人为8400元，城镇老年人为11600元，农村老年人为6500元。朱大伟 等（2019）以蒙特卡洛模拟为基础搭建照护费用宏观模型，以世界人口展望数据作为老年人口数据来源，以中国老年健康长寿影响因素调查、中国城乡老年人口状况调查、中国健康与养老调查三项老年人专门调查数据作为失能发生和转移概率的推算依据。测算显示，我国老年失能人员将从2020年至2050年持续线性增长，带来照护费用总额从2020年的5703亿元增长到2050年的54668亿元，增速会明显高于失能老年人数量的增长。张良文 等（2021）以蒙特卡洛模拟为基础，利用第七次中国老年健康影响因素跟踪调查数据推算老年人失能发生情况，以上海市数据递推全国居家和机构照护服务成本，测算结果表明，由于人口老龄化、失能发生率增加和成本上涨，我国照护服务总成本会由2020年的5880亿元快速增至2050年的85308亿元，其中2030年进入费用的真正激增阶段。在照护服务费用构成上，城镇照护成本至2050年达到68437亿元，占照护费用总规模的80.2%。而城镇和农村的人均照护费用分别较2020年增加了5倍与10倍。

二是考虑部分长期护理保险制度试点地区实际情况，测算局部照护服务成本变动。孙凌雪 等（2020）以第四次中国城乡老年人生活状况抽样调查数据为基础，对青岛模式的服务成本进行了深入研究，与其他试点地区不同，青岛模式强调生活照护服务与医疗护理服务的一体化提供，基础成本更高。但预测显示，青岛市护理保险制度起步期的总费用占GDP比重为0.04%，到2050年也仅上升至0.37%，在高失能率假定下，护理成本占GDP的比重将从2018年的0.11%增至2050年的0.85%，逐步与经济合作与发展组织（OECD）国家护理费用占GDP的比重接近，从地区层面论证了护理保险的成本刚性效应，并显示失能标准是决定护理保险成本的核心变量。陈鹤 等（2021）构建了微观仿真模型，利用中国健康与养老追踪调查2015和2018年数据模拟失能人员的失能转移概率，对安庆、承德、重庆、广州、齐齐哈尔、石河子、南通7个试点方案进行预测分析，并加权赋值推广至全国情境，认为在仅覆盖城镇职工参保人员的方案中，齐齐哈尔方案的赤字风险最低，安庆方案的赤字风险最高，而覆盖城镇职工与城乡居民的石河子方案和覆盖所有城镇参保人员的南通方案，在赤字风险上都较为适宜。但总体来看，由于失能老年人规模和失能时长的变化，导致护理服务需求和护理保险的财务压力不断增加。

上述研究表明，随着人口老龄化的发展，学者们对我国长期照护服务需求和服务成本的单项增长关系有着共识。但由于基础模型选择、数据来源和对照护服务成本的假定赋值不同，导致测算数据规模大相径庭，甚至会有10倍左右的差别。特别是在前期研究中，虽然对老年人失能发生有着清醒认识，但由于对照护成本的明显低估，导致数据量级与后续研究有着极大偏离。结合政策实际，立足各地方业已开展的长期护理保险制度试点和基础政策规定，进一步推算长期护理保险制度的制度成本，并研究完善护理保险基础改革政策，迫切且必要。

（三）对于长期照护保障制度费率和缴费负担的预测

在建立长期护理保险制度后，护理服务成本水平及变动趋势，将直接决定着保险费率高低。为此，学者们也围绕费率问题开展了深入研究。陈璐 等（2013）对我国社会保险框架下引入长期护理保险制度的适用性进行了探讨，基于前期学者所计算失能概率和失能人员规模数量，参照日本、德国护理保险政策方案构建微观模型，分别测算城镇和农村地区的护理院护理、养老医院护理和居家护理成本，认为当时护理保险的费率水平在0.07%至0.26%之间，但会呈现加快增长态势，在16年间将增长2.7倍以上。李新平 等（2019）假定政府补助、护理保险筹资和个人自付是长期照护费用的主要来源，进而基于天津市地方数据建立转移概率矩阵模型预测老年人失能概率、长期护理服务需求及所需经费。测算显示，2016年第一批试点启动时，长期护理保险的费率能够维持在2.5%左右，2030年会攀升至8%左右，此后增长提速，到2050年费率将增至21.8%，长期护理保险筹资负担将越来越沉重，建议在推动长期护理保险制度试点时，应形成更加完善的缴费分担机制。李佳（2020）将第一批全部试点城市和第二批试点城市中的北京市石景山区和乌鲁木齐市作为样本，基于大样本调查数据和总体仿真模型测算失能人口规模和总体服务成本，进而立足不同地区试点方案推算长期护理保险制度的适宜费率水平。测算结果显示，缴费率水平最高的为上海市，2020年费率为1.9%，2050年增至3.85%，而费率最低的为齐齐哈尔市，即使2050年该方案的费率水平仅为0.08%。从对财政补助依赖程度看，青岛方案财政补助敏感度适中而保障水平较高，更加有优势。

三、我国长期照护保障制度试点的评估研究

2012年开始，青岛市等地区在前期已建立的基本医疗保险框架下，进一步完善医疗护理保障政策，率先建立了地方性长期护理保险制度。2016年以来，又先后启动了两批国家试点。试点地区政策的出台和实施，为我国具体国情条件下长期护理保险制度政策实施绩效评价提供了实践基础。目前学术界研究聚焦于长期护理保险制度保障范围、资金筹集、待遇支付、服务项目等方面。从目前研究来看，虽然对长期护理保险主体制度试点进展进行了较为丰富的研究，但相当比例的研究为各地试点政策的横向比较，对试点制度实际发展和分化情况，制度间模式差异和制度实际保障绩效的深层次结构性问题，剖析仍有不足。

（一）关于长期照护保障范围的政策评估

一是关于参保对象范围的研究。孙洁 等（2021）认为，公平性是长期护理保险制度的灵魂，因此要推动长期护理保险制度达到全民覆盖、全民普享的目标，认为第一批试点城市侧重将城镇职工基本医疗保险（以下简称职工医保）参保人员纳入保障范围，导致保障范围狭窄。考虑到留守老年人一旦失能后会面临更多困难，把城乡居民基本医疗保险（以下简称居民医保）参保人员纳入长期护理保险已是势在必行。李月娥 等（2020）也认为，第一批试点的15个城市暴露出的突出问题是长期护理保险覆盖范围狭窄，只有上海、苏州在制度建设中考虑了居民医保参保对象，大部分试点城市或是局限于职工医保参保人员，或是仅将居民医保参保人员中的城镇居民扩围纳入保障范围。

二是关于待遇对象范围的研究。关博 等（2019）认为大部分试点城市均把受益对象限定为重度失能人员，使合规失能发生率控制在3‰以下。对于失智人员、中重度失能人员，他们有正当服务需求，且经济和身体状况与重度失能人员类似，却不仅不能享有服务保障和补助待遇，反而成为护理资金被“再分配”一方，严重有违社会保险的公平原则和权利与义务对等原则，并存在着诱导参保人员放纵恶化健康水平的道德风险。

（二）关于长期照护保障资金筹集的政策评估

由于试点城市普遍在探索时采用了“低水平、广覆盖”的模式，长期护理保险筹资总体水平不高，学者们对基金来源、筹资水平等问题开展了研究。吴海波 等（2018）、关博 等（2019）等认为，护理保险资金来源相对单一，主要依赖于基本医疗保险基金划拨或者变相从基本医疗保险基金中划转，并存在试点筹资标准不一的问题。邓晶 等（2017）认为，从试点实践来看，尽管一些城市在试点过程中探索多渠道筹资，且在文件中规定长期护理保险资金由个人缴费、单位缴费和财政补助等构成，但实践中各筹资主体的责任并未真正厘清，对于筹资主渠道和各个渠道分担比例也没有形成清晰界定。

（三）关于长期照护保障待遇支付的政策评估

从护理保险的支付形式来看，各试点地区采用了补偿型支付、定额支付两种方式。补偿型支付是指长期护理保险（以下简称长护险）支付金额与实际照护费用挂钩，其支付标准取决于起付线、报销比例和支付限额或封顶线的设置水平。定额支付是指长护险按约定的固定金额支付，实际发生的照护费用对长护险的支付金额不产生影响。王群 等（2018a）研究认为，补偿型支付更多适用于机构照护服务方式，而定额支付更多应用于居家照护服务方式。补偿型支付的报销金额与实际照护费用挂钩，在一定程度上避免了参保者的道德损害行为，但对支付管理体系要求较高；定额支付则对支付管理体系要求较低，但存在一定的道德风险，需要配套行之有效的监管措施。

（四）关于长期照护保障服务项目的政策评估

服务项目是决定照护保障制度有效保障内容的关键因素，王群 等（2018b）对第一批试点城市的服务项目做了梳理，认为护理保险的目录清单分成两类，一类是独立于长护险方案的配套清单，另一类是嵌套于长护险方案的项目清单。认为目前服务项目方面存在如下问题：一是服务项目数量总体有限，预防性照护、康复照护与心理疏导项目大部分城市未能覆盖；二是服务项目普遍未能与失能等级挂钩，导致服务项目和待遇与地方落实存在局部性脱节；三是大多数城市只是简单列出长护险的服务项目，并未具体说明每项服务的内容和标准。周四娟 等（2021）认为现行失能量表存在的过于简单、等级划分笼统且不统一、保障范围小、评定技术不科学、评定机构无统一标准、复评时间间隔差异大等问题，也在较大程度上影响了服务项目的提供。

第二章

长期照护保障制度的政策环境耦合分析

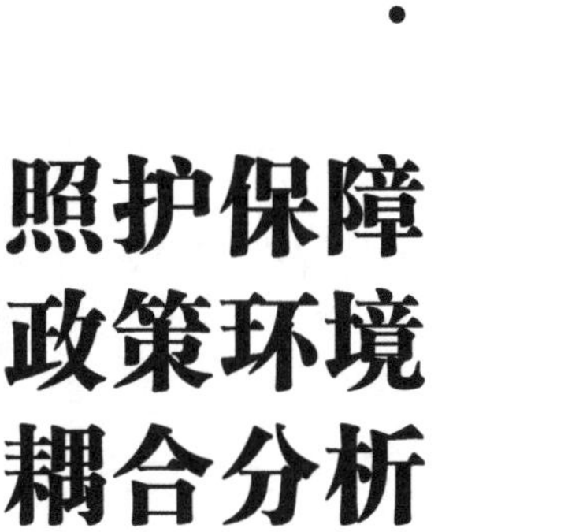

一、人口年龄变动是我国建立长期照护保障制度的政策基础

（一）我国老年人规模庞大

由于我国人口基数大，新中国成立初期生育高峰时期出生的大量人口不断进入老年行列，再加上人口预期寿命不断延长，导致老年人口迅速增加。在过去30多年间，我国从一个年轻国家快速成为一个老龄国家。根据民政部发布的《2023年民政事业发展统计公报》，截至2023年底，我国60岁以上的老年人口已经达到29697万人，占总人口的21.1%；65岁以上老年人达到21676万人，占总人口的15.4%，我国已经成为世界上老年人口数量最多的国家，占世界同年龄组人口的1/4。

从分省情况看，根据国家卫生健康委发布的《2020年度国家老龄事业发展公报》，全国31个省份中，有16个省份65岁及以上老年人口超过500万人，其中有6个省份超过1000万人。老年人口规模在今后较长一段时间内还会继续扩大，根据预测，65岁及以上老年人口规模到2025年将达到2.2亿人，2035年将超过3亿人，到21世纪中叶超过3.5亿人。因此，我国的人口老龄化是老年人口规模巨大的老龄化，并且是老年人口大规模递增的老龄化。

（二）人口老龄化呈现“压缩演进”态势

受严格的人口控制政策和快速的经济发展双重影响，我国生育率迅速降低至超低水平，导致我国人口老龄化速度和进程远远快

于自然人口转变的国家。按照国际通用的65岁标准来看，2000年我国65岁以上老年人达到7%，正式进入老龄化社会。从世界平均水平来看，全球进入人口老龄化社会的时间是2002年，而我国是2000年，我国比全球平均水平稍快一步。我国是世界主要国家中65岁及以上人口占比由7%提高到14%所用时间第二短的国家（2000年到2021年），远低于欧美发达国家的倍增时间，比人口老龄化程度最严重的日本（2021年65岁及以上人口占比为28.6%）还要快3年，比第一短的国家韩国慢4年。2023年，中国60岁以上老年人占比已突破20%，正式进入中度老龄化发展阶段。从步入老龄化社会到达到中度老龄化阶段，法国用了115年，英国用了45年，美国用了69年，中国仅用了约23年。按照65岁为标准的人口占比看，同样，我国也是由14%提高到21%所用时间第二短的国家，远低于欧美发达国家的倍增时间，比人口老龄化程度最严重的日本还要快2年。根据预测，到2030年，中国老年人口占总人口比重将超过30%，成为世界上老龄化程度最严重的国家之一，并将保持深度老龄化水平至2100年左右，形成持续性的老龄化高原效应。

（三）高龄化与少子化呈现并行趋势

一方面，高龄化苗头显现。随着我国人口平均预期寿命不断提高，80岁及以上高龄老年人口规模和占比不断提升。2020年我国高龄老年人口规模为3580万人，占总人口的2.8%，比联合国预测的世界平均水平高0.9个百分点，在世界主要国家中位居倒数第二。但到2035年，我国高龄老年人口规模将达到7624万人，占比达到5.6%，高于世界平均水平2.7个百分点，仅比发达国家低1.5个百分点。到21世纪中叶，高龄老年人口规模为12472万人，占比上升到10.3%，比世界平均水平高5.9个百分点，位居主要国家中高龄化水平的前列。高龄老年人生活自理能力差且患失智症比重较大，是需要照护的群体，这将进一步放大人口老龄化的经济社会影响。

另一方面，由于我国人口转变的时空压缩效应，与高龄化相伴的往往是少子化。当前，我国出生人口已下降到1000万人以下。有学者预测，由于育龄妇女减少、婚育意愿下降，我国未来一段时间，新生人口数量难以出现规模性回弹。综合考虑实施积极的生育友好政策效应，到2035年乃至更长时间，我国出生人口将在1000万人左右波动，进入平台期水平[1]。因高龄化、少子化因素叠加，再加上老龄化进程中不确定性因素难以全面预测考量，我国人口长期变动形势将更加复杂。

（四）老龄化进程存在与经济增长脱节的可能

2000年我国进入老龄化社会时人均GDP为959美元，按照当时世界银行的收入分类标准，我国仅属于中低收入经济体。2020年，我国人均GDP为1万美元左右，在与我国人均GDP相近的国家中，除俄罗斯外，其他国家人口老龄化率均低于我国（表2-1）。俄罗斯在2020年不变价的人均GDP为9666美元，而人口老龄化率比我国高2个百分点。葡萄牙在与我国人均GDP相近时，人口老龄化率为11.4%，比我国低2.1个百分点。意大利、西班牙在与我国人均GDP相近时，人口老龄化程度分别为9.7%、9.5%，分别比我国低3.8个、4个百分点。日本、韩国在与我国人均GDP相近时，人口老龄化程度分别为6.3%、5.4%，分别低于我国7.2个、8.1个

[1]　张许颖，李月，王永安.14亿人国家：迈向高质量发展的未来：中国人口中长期预测2022[J].人口与健康，2022(8): 12-13.

百分点。

表2-1　世界主要国家人均GDP和人口老龄化率的比较

国家	年份	人均GDP/美元（2015年不变价）	人口老龄化率/%
中国	2020	10370	13.5
加拿大	1997前	31222	12.2
澳大利亚	1960前	19953	8.6
美国	1960前	19135	9.1
德国	1970前	17894	13.6
瑞典	1960前	16525	11.8
英国	1960前	14914	11.8
荷兰	1960前	14276	8.9
法国	1960前	11176	11.7
葡萄牙	1979	10454	11.4
意大利	1961	10412	9.7
西班牙	1968	10282	9.5
韩国	1991	10272	5.4
日本	1966	10217	6.3
俄罗斯	2020	9666	15.5

资料来源：联合国人口统计数据和世界银行发展数据库。

德国在1970年人口老龄化率为13.6%，与我国2020年的老龄化水平接近，但是德国的人均GDP比我国高7000多美元。加拿大、瑞典、英国、法国人口老龄化率在11%~12%时，人均GDP水平也比我国高，差距最小的法国人均GDP也比我国高近800美元。美国、荷兰、澳大利亚在20世纪60年代时人口老龄化率分别为9.1%、8.9%、8.6%，人均GDP也都比我国高。目前，我国依然处于中高收入发展阶段，即使到2026年也是刚刚迈入高收入国家门槛，“渐富快老”特征非常明显。由于老龄化进程在一定程度上超越了经济社会发展阶段，人口年龄结构转变带来的挑战和风险更加严峻。

二、我国建立长期照护保障制度的客观依据

（一）家庭在养老和护理方面功能弱化

我国长期以来有着家庭养老的传统，通过传统家庭互助机制解决家庭中老年成员“老有所养”的需要。但随着经济社会发展，现代家庭观不断渗透，家庭规模小型化和多样化成为我国人口年龄结构转变过程中重要的伴生现象。一方面，新型城镇化的推进和住房条件的改善，导致我国核心家庭[1]大量出现。另一方面，“一人家庭”、丁克现象也在逐步收紧家庭户人口数量，造成家庭自我照护供血能力弱化。

第七次全国人口普查数据显示，全国共有家庭户49416万户，家庭户人口为129281万人，平均家庭人数已降至2.62人，较第六次全国人口普查规模进一步减少了0.48人，已是平均家庭规模较小的国家。二人家庭和三人家庭等核心家庭成为中国家庭的主要组成形式，占家庭规模的六成以上，“4-2-1”家庭已经普遍形成，单人家庭、空巢家庭等新家庭形态不断涌现。同时，人口流动造成了大量的家庭成员分离现象，劳动年龄阶段家庭成员常住城市，未成年子女和家庭中老年成员留守农村。由于家庭规模缩小和异地家庭增多，家庭成员代际互动和经济连接减少，家庭的风险应对和保障功能作用日益削弱，家庭内部无力承载失能、半失能成员的生活照料和经济负担，失能老年人家庭普遍面临着“一人失能，全家失

[1] 指由一对夫妇及未婚子女组成的家庭，通常称“小家庭”。

衡"的困境。

（二）高龄失能风险缺少可靠的市场化分散路径

当前，我国高龄失能问题已逐步暴露。全国老龄工作委员会领导的"第五次中国城乡老年人生活状况抽样调查"数据显示，目前我国失能老年人约3500万，占全体老年人的11.6%。由于我国已全面进入人口老龄化提速期，新进入老年人群体主要为65岁以下活力老年人，失能老年人群体中也以轻度失能人群为主。在老年人群体中，重度失能老年人还稳定在较低水平[1]。但从中长期看，老龄化程度的不断深化和老年群体的扩大，必然会带来重度失能老年人大量增加，解决好高龄失能老年人及家庭的服务供给和经济风险分担，是我国应对人口老龄化不能回避的议题。

高龄失能老年人增加是人口老龄化所伴随的必然结果，符合宏观系统性风险特征，通过商业保险等市场手段无法进行风险的有效分担和保障的普遍覆盖。从我国实践来看，具备失能风险分担能力的商业健康险产品屈指可数，且价格高昂，市场规模小、渗透率低。中国保险业协会发布的《2018中国保险业发展年报》显示，2017年我国健康险原保费收入中，护理险为475亿元，失能险仅为5亿元，分别仅占当年健康险原保费收入的10.8%和0.11%。并且，在原保费规模上商业护理险持续保持着快速萎缩态势，其中护理险产品原保费收入同比减少60.7%。有相当比例的商业护理险为具有护理保障功能的理财保险产品，真正面向失能风险开发的专业化产品少之又少（图2–1）。

[1] 国家医疗保障局公布的数据显示，截至2019年6月，我国长期护理保险试点实际覆盖人数8854万人，享受待遇人数42.6万人，符合护理保险支付标准人数仅占护理保险覆盖人数的0.48%。

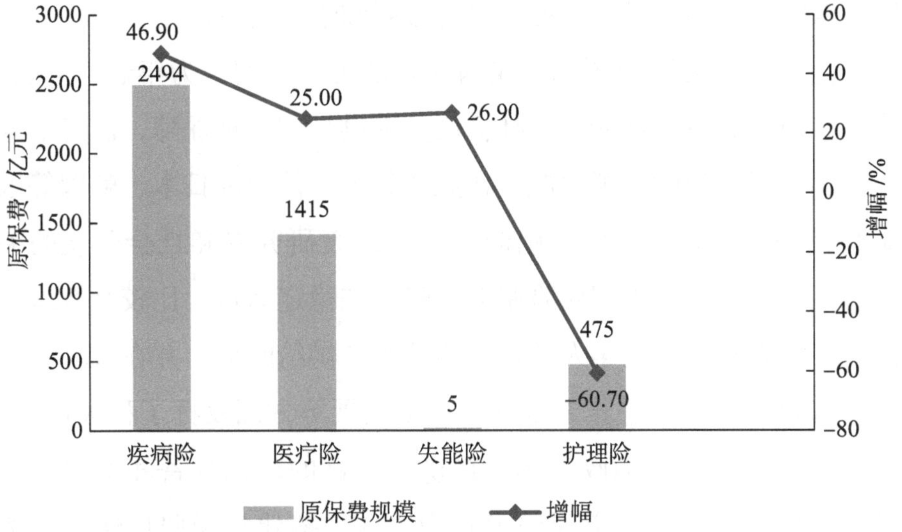

图2-1　2017年我国商业健康险原保费收入构成

近年来，由于商业健康保险公司的经营业务方向和产品类别调整，进一步导致商业保险护理市场并未有较大提振。中国保险行业协会《2022年度商业健康保险经营数据分析报告》显示，财产险公司的健康险业务中，医疗保险保费收入占92.4%，护理险占1.5%，失能险占0.2%，虽然有一定的增长，但所占比例并不大。这表明在我国现有保险技术条件和市场成熟度下，商业健康险、财产险公司对护理类产品开发持审慎态度，市场机制无力对高龄失能风险进行有效应对。

（三）部分先行国家护理保险实践提供了经验参照

自20世纪90年代以来，我国社会保障政策呈现出明显"学习"特征，积极参照先行国家经验，推进我国保障制度顶层设计和体制机制重构。通过频繁的国际交流和密切的政府间合作，德国、日本、韩国等社会保障制度相对完备的先行国家，成为我国在养老保障、医疗保障制度设计方面重要的参照和学习对象。

随着高龄失能问题成为我国重要的民生关切，为年老、疾病、伤残等原因失去自理能力的社会成员提供长期护理保障，已经上升为我国社保政策的改革议题。在此背景下，德国和日本、韩国等国家长期护理保险政策实践引起了我国政策研究界和社会公众的关注。相关国家长期护理保险制度的建立和稳定运行，比较有效地解决了本国高龄失能老年人的长期照护服务供给问题，并在减轻医疗保险基金压力、促进养老服务业市场发展等方面发挥了积极作用，为我国长期护理保障政策选择提供了丰富的理论准备和实践政策参照，促进我国选择以保险模式为主体，搭建长期照护保障框架体系。

三、我国建立长期照护保障制度的风险因素

（一）经济下行压力加大影响经营主体负担能力

长期照护保障制度是我国社保制度的重要组成，是社会二次分配的重要手段，其根本运行逻辑在于对社会存量财富进行调整分配，提升保障对象的现金转移水平。因此，经济增长情况、企业和各方主体筹资能力、财政支持力度，是影响社会保障制度再分配深度和广度的基础，也是建立并且推动我国长期照护保障制度有序发展的物质条件。但受人口老龄化及当期经济形势影响，社保制度的宏观支撑力有所弱化。

一是人口老龄化进程与经济增长速度脱节，社会财富再分配存在一定的失衡压力。2000年以来，我国经济的持续高速增长抹平了人口结构变化影响，使人口老龄化进程与经济发展基本适应。然

而，“老龄潮”的到来使老龄化发展程度与经济增长逐步脱节，面临着从“渐富渐老”向“渐富先老”的根本性转变。联合国世界人口展望数据显示，到2030年我国人口老龄化率将超过美国。但若按照我国年均GDP增长5%、美国年均GDP增长2%的经济潜在增长率预测，“十五五”末我国经济总量仍不及美国，人均GDP也仅为美国的23%，与我国和美国目前人均GDP差距相差无几。社会保障是对社会财富的二次分配，若人口老龄化程度过度超越经济发展阶段，意味着在长期照护保障等社保代际再分配需求攀升的同时，可分配的“蛋糕”相对不足。

二是地方财政财力收紧，对社保制度“稳存量”“拓增量”形成了一定的约束效应。疫情后我国经济回稳面临着多重不确定性因素影响，经济基本面仍处于恢复期，而长期以来地方存在对基础设施投资依赖和融资过度现象，再加上土地出让收入增幅大幅收窄，导致目前地方财力处于普遍吃紧状态。2023年1—8月，地方政府性基金预算本级收入同比下降16%，预算支出下降20.5%。社保制度中除职工基本养老保险财权已主体上移，居民养老、医疗保险明确了中央财政补助责任之外，其他社保制度仍总体表现为地方事权和地方财务责任。地方财力的弱化既影响现有社保制度的财务补助能力和长期“补缺口”能力，也影响长期护理保险等新增制度的建立。特别是目前长期护理保险居民参保人员筹资中有相当比例来自财政补助，残疾人“两项补贴”、重度失能老年人护理补贴等兜底性护理补助机制也均来自财政补助，且均为地方事权。财政支持能力下行，将直接约束护理保障制度的整体发展和体系均衡供给。

三是工资增速下行，主要社会保障基金筹资空间收窄。2000—2015年，我国经济经历了近15年的高速增长，就业人员工资增长速度很快，在此期间我国城镇单位就业人员年平均工资从9333元增长到62029元，年均增长率为13%。2015年以后，随着国内外经济社会形势变化，我国就业人员工资增长速度放缓，2015—2019年，我国城镇单位就业人员年平均工资从62029元增长到90134元，年均增长率下降至9.8%。进入2020年后，超预期因素带来经济下行压力更趋增大，就业人员工资收入增速进一步放缓。目前，各地长期护理保险职工参保人员缴费普遍采用按工资比例缴纳的方式，在缴费比例不变的情况下，将直接约束长期护理保险基金收入的增长空间。

（二）赡养结构不合理和民生支出挤兑削弱了可持续供款能力

一是长期护理保险将面临较为不利的赡养条件变化。长期护理保险是我国长期照护保障制度的基础。从各国实践来看，除新加坡外，日本、德国、荷兰、以色列等国家的长期护理保险制度均采用现收现付制的筹资方式，在职人数变化决定着制度筹资水平，退休人员增长在较大程度上联动基金支付规模，对宏观人口赡养结构变化非常敏感。在人口老龄化进程的影响下，我国60岁及以上老年人口抚养比将从2023年的31%迅速提高至2035年的52%，会使护理保险参保人员结构失衡，基金将很快陷入"大斗出、小斗入"的不良状态，使制度面临起步就"亏空"的风险。

二是关联民生制度的保障支持能力弱化。基本医疗保险基金是我国长期照护保障制度的重要支持方，但随着人口年龄结构老化，老年人口数量增加，医疗卫生服务需求加快释放，并对基本医疗保险基金形成了持续的需求。我国老年人的整体健康状况不容乐观，60岁及以上患慢性病的老年人占比75%，"带病生存"是普遍现象，导致老年人医疗保障需求释放快于青年人群体，老年人随着年龄增加，患病概率升高，而且往往易患多种慢性病。老年人群体医疗保障需求的快速释放，不仅增加了社会应对人口老龄化的公共服务和成本支出（表2-2），并对基本医疗保险（以下简称医保）基金形成连带性压力。医疗保障制度对长期护理保险和长期照护保障体系的总体支持能力弱化。

表2-2　老年人各种医疗费用及其年增长率

项目类别	2011年总额/元	2013年总额/元	2015年总额/元	2011—2013年增长率/%	2013—2015年增长率/%
年门诊平均费用	2070.7	2890.8	4291.6	18.2	21.8
年住院费用	666.3	1482.0	2117.4	49.1	19.5
年医疗费用总额	3651.0	5866.2	9108.1	26.8	24.6
非医疗消费	6944.7	9139.7	10176.0	14.7	5.5

资料来源：根据《中国健康与养老报告2019》整理。

三是各类民生支出持续增加，导致长期照护保障可用的资金余量客观受到挤压。在人口老龄化条件下，特别是高龄化、少子化并行的背景下，社会保障既是保障和改善民生的工具，也承载了生育支持协同功能。2016年，为应对生育政策调整及由此带来的阶段性生育高峰压力，我国开始推动职工基本医疗保险与生育保险合并实施。2019年，国务院办公厅正式印发了《关于全面推进生育保险和职工基本医疗保险合并实施的意见》，明确了两项社会保险在制度层面合并实施，参加职工医保的在职职工同步参加生育保险，实现参保同步登记、基金合并运行、征缴管理一致、监督管理统一、经办服务一体化，不再单列生育保险基金收入，在职职工医保统筹基金待遇支出中设置生育待遇支出项目。合并实施后，进一步扩大生育保险的覆盖范围，强化基金风险互济能力，为制度稳妥应对出生人口变动提供了物质支撑。2023年底，全国生育保险参保人数达2.49亿人，同比增加300.41万人，生育保险基金待遇支出1069.1亿元。但随着"三孩"政策实施，特别是人口"少子化"特征显现，要求生育保险在"保生"的同时，协同做好"保育"，并需承担更多的生育支持任务。在2022年印发的《关于进一步完善和落实积极生育支持措施的指导意见》中，对完善生育保险等相关社会保障制度提出了明确要求。部分地方也在考虑逐步将适宜的分娩镇痛和辅助生殖技术项目按程序纳入基金支付范围。在增加生育保险和基本医疗保险支出项目、拓增支出范围的同时，也意味着存量的资金"盘子"用于支持长期照护保障的余量客观受限。

（三）就业方式变化影响制度有效扩面能力

当前，随着新经济的深入发展，各类新就业形态不断涌现，发挥了重要的稳岗促就业作用。就业方式的变化极大改变了传统工作劳动要素与其他生产要素的结合方式，劳动者就业灵活度更高，难以按照传统劳动用工方式提供权益保障并强制参保。在长期照护保障政策引入、长期护理保险制度广泛试点的背景下，就业方式的变化将较大影响制度扩面效果。

从需求侧看，新就业形态劳动者收入灵活度大，在收入方面"看天吃饭"，稳定性较差，甚至难以按月实现收入，缴纳社会保险费会对当期消费形成明显挤出效应。因为缺少稳定可持续的经济支持，新就业形态劳动者容易形成"经济短视"倾向，注重当期收入胜于预期收入，对老年经济风险、疾病健康风险的收入损失效应普遍忽视，对发生概率更低的长期照护风险更加难以清晰认识，对参保、享保所关系的切身经济利益重视不足。同时，新就业形态劳动者普遍在收入上有着"短钱""快钱"效应，影响了他们的参保积极性，出于对当期收入的重视，劳动者对不参保、不缴费有着较高的容忍度。

从供给侧看，各地在长期护理保险制度试点中依然采用职工、居民分类参保的做法。以工作关联为主要参保路径，依托稳定劳动关系实施保障供给，而大量新就业形态劳动者因没有签订劳动合同无法建立合法稳定的劳动关系，难以在工作地参保，造成了政策性“失保”。目前在社保参保动员中，依然依赖单位配合，对未建立劳动关系的灵活就业人员，主要通过自主自愿方式参保，导致参保强制性不足。即使一些可参照劳动关系管理的新就业形态劳动者，因为没有明确的社保规范依据，所以以挂靠代缴方式参保或不参保现象很普遍，这也使劳动者维护合法参保权益面临较多障碍。就业方式变化使照护保障制度在保障覆盖、有效扩面和稳定筹资方面，面临较大的约束变化和不确定性。

（四）先行国家长期照护保障政策暴露出多重风险

当前，国内部分舆论把长期护理保险制度作为世界社会保障的主流安排，并以此作为我国建设长期护理保险制度的依据。但梳理先行国家实践发现，护理保险制度模式并不普及，且制度实施后会带来一系列财务支出压力和可持续风险，有着一定的有效运行约束条件。

一是保险模式是个别国家应对高龄失能问题的政策选择。各国为应对老年人失能问题，均普遍建立了长期照护保障制度，但因基础保障制度、社会文化和路径依赖等方面原因，保障提供方式较为多元，加拿大、瑞典面向失能人员发放护理津贴，英国采用了护理救助与免费医疗护理结合的模式，美国更多利用商业护理保险。比较而言，通过社会保障体系提供长期照护保障是相对小众的制度选择，仅有荷兰、德国、日本、韩国、以色列、卢森堡6个国家建立了长期护理保险制度。其中以色列、卢森堡与我国基本国情差异过大，经验难以借鉴。而荷兰、日本等国家在制度运行中也面临着财务压力加重、筹资难以持续、服务等待期长等问题，暴露出的教训同样值得重视。

二是长期护理保险实施后支出会大幅增长，可持续风险明显。首先，长期护理保险不必然节约医保开支。日本因老年人医保自付比例低，导致通过过度住院"蹭护理"的情况普遍，医保基金大量滥用。长期护理保险建立初期确实对医保基金有一定替代效应，但对更多国家而言，由于长期护理保险保障内容是原来医保体系的"空白"，相当于做福利"加法"，必然会带来民生总支出的刚性上涨。其次，长期护理保险成本会持续攀升。随着人口老龄化深化和失能人员规模增加，再加上引导需求释放，引入长期护理保险后会使原来分散于家庭的服务成本"显性化"，带来制度成本大幅上涨。日本长期护理保险制度实施后，护理对象由2000年的256.2万人增至2020年的681.8万人，增长了166.1%，而同期护理费用则由3.63万亿日元增加到11.54万亿日元，增长了217.9%。最后，长期护理保险的财务压力会对财政形成连带风险。日本长期护理保险筹资中政府补助占比达到了一半，韩国长期护理保险基金也有20%来自政府补助。由于支出增长过快，2000—2022年日本护理相关财政支出上涨了1.86倍，增幅高于社会保障总支出增长率70个百分点，高于医疗保障支出增长率107个百分点。

三是长期护理保险制度建立和稳定运行需要一系列前提条件。从人口结构看，人口老龄化速度需相对稳定。荷兰、德国等国家在建立长期护理保险时，每年老年人数占比增长在0.15%左右，人口结构变动相对平缓，为形成稳定制度框架提供准备期。如老年人口处于"大涨大跌"状态，将难以准确研判制度筹资和需求变动趋势。从经济负担能力看，需有相对弹性的筹资机制。为应对护理保险支出过快增长，各国普遍在制度实施后不断调高费率和个人自付标准，确保制度财务平衡。日本长期护理保险历经五次改革，老年人保费上涨2.07倍，在职职工保费上涨3.28倍。德国先后四次将基准费率由1%提至2.55%，韩国则分两次将护理保险费率由4.05%调整至6.55%。从赡养结构看，需尽可能扩大供款范围。人口老龄化是系统性风险，单纯依赖在职职工缴费必然难以维持基金平衡，各国也都采用了活力老年人“养”失能老年人的做法，日本退休人员护理保险费已占基金收入的1/4。从保障对象看，为有效控制财务风险，各国均侧重优先保障重度失能群体，并形成了复杂的评估机制。日本失能评估分为5个大类近70个小指标，韩国《长期护理调查表》则包含52项具体指标，对基层经办能力提出了很高的要求。

四、我国建立长期照护保障制度的保障条件

（一）经济增长和民生财政：为建立长期照护保障制度提供了稳定物质基础

长期照护保障制度作为再分配机制，其建立和实施与一国经济社会发展水平和长期稳定增长预期密切关联。只有依托相对稳定的经济环境，不断做大宏观经济总量，才能够为包括长期照护保障在内的社会保障制度提供充足的再分配“蛋糕”。

统计数据显示，2022年我国经济总量达到120.4724万亿元，尽管受疫情等超预期因素影响，我国经济增长速度有所放缓，降至3.0%，但增速仍在主要经济体中位居前列。从长周期来看，我国在经济迈向新常态后，仍然实现了较为稳定的经济增长，从而有能力

不断为民生福祉做"加法"。从经济总量看，我国GDP总量由2012年的51.9322万亿元，增至2022年的120.4724万亿元，增长了1.32倍，年化增速达到8.78%。截至2021年，我国经济总量占世界经济的比重已由"十二五"初期的10%左右提高至18.5%，稳居世界第二大经济体位置，保持了相对稳定健康向好的经济增长态势。从人均经济水平看，人均国内生产总值从"十二五"初期的6000美元，增至1.2万美元以上，已经达到高收入国家门槛附近，实现了逐步迈出中等收入陷阱的历史性跨越。

从财政分配来看，积极的财政政策在不断提升财政支出效能的同时，也同步优化支出方向，更多向民生领域倾斜，保证了经济增长能够有效反哺民生领域，"民生财政"效应不断显现。2022年全国一般公共预算支出26.06万亿元，其中社会保障和就业支出36603亿元，比上年增长8.1%，卫生健康支出22542亿元，比上年增长17.8%，都保持着较快增长态势，为长期照护服务资源的积聚和服务能力的形成提供了扎实的财力保障。在各地长期照护保障政策供给中，各试点地区多把财政资金作为护理保险制度的重要筹资来源，面向困难老年人、重度残疾人的津贴政策，则完全依赖财政补助。

（二）养老金体系：确保个人对照护服务的稳定支付能力

养老金体系是实现老年人享有稳定经济收入的主要制度依赖。在《国家积极应对人口老龄化中长期规划》中，将夯实应对人口老龄化的社会财富储备作为首要任务。而养老保险制度是实现"老有所养"财富储备的基本制度支持。近年来，我国不断推进养老保险制度改革，特别是深化职工养老保险顶层设计改革，稳定和提高"老有所养"的经济支持水平，也使家庭和老年人自身在配置长期照护服务方面有着更多的自付能力，有利于形成多方共担的照护保障筹资机制。

一是积极改革职工基本养老保险制度。1997年，我国正式建立统一的企业职工养老保险制度，2000年和2005年两次对职工养老保险“统账结合”模式进行优化调整，把个人账户的计入比例由职工缴费工资的11%降至8%，同时改革了养老金待遇计发办法，明确多缴一年就多得1%社会统筹养老金的多缴多得和长缴多得机制。“十三五”以来，我国积极推进养老保险顶层设计改革，统一和规范职工养老保险个人账户记账利率办法，使个人账户养老金的替代率水平有所提升。出台《基本养老保险基金投资管理办法》，提高存量养老保险基金的保值增值水平。改革机关事业单位养老保险制度，按照“统账结合”的架构打破养老金“双轨制”。建立的相关改革都切实提升了职工养老保险的财务稳定性和可持续发展能力。目前我国职工养老保险的缴费工资替代率稳定在60%左右水平，高于国际劳工组织建议的养老金替代率最低标准。

二是年金制度更加规范发展。一方面，年金覆盖范围稳步增长。截至2023年底，我国建立企业年金的企业达到14.2万个，覆盖职工3144万人，企业年金基金积累规模达到3.2万亿元，年化投资收益水平达到6.26%，保障能力不断增强。同时，随着机关事业单位养老保险制度改革的推进，职业年金制度全面覆盖。另一方面，企业年金基础制度建设更加规范。2016年正式通过了《企业年金办法》，既明确了企业年金用人单位缴费即税收优惠限额不超过单位工资总额的8%，职工与企业单位合计缴费不超过工资的12%；又对企业年金制度提取方式等前期制度实施中的不合理规定予以“查缺补漏”，要求企业当期缴费计入职工企业年金个人账户的最高额与平均额不得超过5倍，且职工企业年金个人账户中个人缴费及其投资收益自始归属于职工个人，而企业缴费则可分年逐步落实职工所有权益。

三是个人养老金制度广泛试点。2018年5月，我国开始在上海市、福建省和苏州工业园区试点个人税收递延型商业养老保险制度，以税收优惠方式引导个人建立补充性的养老保险。2022年10月，人力资源社会保障部等部门正式印发了《个人养老金实施办法》，明确按照每年12000元的额度确定个人养老金缴纳上限并享受税收优惠。个人养老金采用账户制管理，可以配置四类金融产品，分别为养老理财、商业养老保险、养老储蓄和养老目标基金。截至2023年9月底，个人养老金开户人数超过4000万人，实际缴存者为1000万人左右，人均缴存额约为2200元，虽然存在一定的"开户热、缴存冷"现象，但是在制度建设和金融产品配置方面，已为社会提升"老有所护"的经济支持能力和强化个人对长期照护产品的个人自付筹资水平，提供了扎实的政策基础。

（三）医疗卫生和养老服务体系：协同提升长期照护服务供给能力

一是医疗保障制度成熟发展。在"十二五"时期，我国已经实现"全民医保"的目标，基本医疗保险制度覆盖人数超过14亿人，参保（参合）率长期稳定在95%以上。"十三五"以来，以基本医疗保障行政管理体制改革为契机，不断推动医疗保障制度公平覆盖，制度上消除了"一制两档"现象，依托药品耗材集中带量采购和国家谈判制度，医疗保障的战略购买功能初步实现。门诊共济改革积极试点，国家医疗保障待遇清单制度推进实施，对老年人重特大疾病和慢性病提供了更扎实的兜底保障。在国家试点前，青岛、上海、长春等地自发启动的长期护理保险制度试点政策基本脱胎于基本医疗保险制度。长期护理保险第一批、第二批国家试点地区也高度依赖医保基金筹资和经办管理服务。医疗保障制度的稳定和发展为我国长期照护保障体系构建提供了基础性支撑作用。

二是医养结合服务试点广泛开展。医养康养相结合是我国养老服务体系建设的基本原则，从长期照护服务基本性质、提供方式和基础功能看，也具备医养结合服务的特征。2016年，原国家卫生和计划生育委员会（以下简称卫计委）在北京市东城区等90个地市开展了医养结合国家试点工作，在积极推动医养签约，便利老年人就医的同时，打造全面覆盖的老龄健康服务网络，推动医疗机构与养老机构毗邻而设，建设一批医养结合型照护机构。17个地市建立了长期护理保险制度。医养结合和长期护理保险的“双试点”有效解决了服务供给和服务筹资的双侧衔接问题，为解决失能老年人照护问题发挥了重要作用。

三是养老服务供给向“护理型”服务延伸。“十二五”时期，我国明确了千名老年人养老服务床位数不少于30张的要求，推动养老服务供给数量加快发展，截至2015年底，养老床位总数达到812.6万张。但也暴露出床位质量不高、与老年人的照护服务需求脱节问题，大量床位陷入空置状态。为此，在《“十三五”国家老龄事业发展和养老体系建设规划》中，提出了护理型床位占当地养老服务床位总数比例不少于30%的指标要求。此后，在推进养老服务体系提质增效过程中，要求重点扶持发展服务高龄及失能失智老年人的养老机构，各地不断优化床位供给结构，在《“十四五”国家老龄事业发展和养老服务体系规划》中，既明确了到2025年养老服务床位总量达到900万张以上的建设任务，又要求养老机构护理型床位占比达到55%，为强化养老服务能力向“护理型”服务延伸、着力满足失能失智老年人服务刚需的长期照护保障提供了配套的服务供给。

第三章

多层次长期照护保障体系的发展沿革

一、长期照护保障政策的“非自主”探索时期（1978—2000年）

（一）改革动力：困难群体兜底性照护需求显现

长期以来，我国对于“老有所养”定位为“补缺性”服务，导致长期照护服务体系难以独立成型，而是依赖于养老服务体系中存在长期照护服务的供给项目，服务对象也集中于“五保”等特殊困难群体，具有一定的救助特征，是当时社会福利体系的构成部分。必须指出，这一阶段长期照护保障理念并未引入，相关制度仅事实上发挥了照护服务的供给作用，制度处于“非自主”的探索状态。

新中国成立初期，我国政府通过设置救济机构和创建新的救济性福利事业单位，解决了当时社会上很大一批流离失所、饥寒交迫的老年人的收容问题，对他们进行了一定的救助，并对其中一部分人进行了教育或劳动改造，当时这类机构被统称为生产教养院。此后，其中专门针对无劳动能力老年人、残疾人的机构被分离出来，称为老残福利院，成为独立的社会福利体系。1959年，老残福利院正式更名为养老院或社会福利院，成为计划经济时期我国为老年人提供长期照护服务的主要供给形式。“文化大革命”时期，相关福利工作陷于停顿，城镇和农村养老服务事业发展都受到了一定阻碍。改革开放后，养老服务工作重新回到正常的发展轨道上来。特别是随着人口老龄化问题日益加深，国家开始正视老龄事业的重要性，养老服务体系逐步规范化。1996年颁布施行的《中华人民共和国老年人权益保障法》以法律形式体现了党和国家对于养老服务事业的空前重视，明确了国家和社会应当采取措施健全保障老年人的各项制度，逐步改善保障老年人生活、健康、安全以及参与社会发展的条件，实现老有所养、老有所医、老有所为、老有所学、老有所乐，长期照护服务建设也成为重要内容之一，该法成为我国长期照护服务的基本指导依据之一。

（二）政策构建：嵌入养老服务体系发展

在市场改革大潮的推动下，这一时期的长期照护服务供给水平得到了较大提升，社会办养老机构数量和照护服务能力快速增长。同时，照护服务供给模式发生了较大变革，现代养老服务理念和长期照护服务模式开始形成。

一是长期照护服务供给主体扩大。1984年11月，民政部主持召开了全国城市社会福利事业单位整顿经验交流会，会议提出要坚持社会福利社会办的方向，面向社会多渠道、多层次、多形式地发展各种社会福利事业，由国家包办向国家、集体、个人举办转变。1988年3月，为推进社会福利社会化进程，在总结以往实践经验的基础上，民政部选定了13个城市作为试点。此后，各地关于社会福利社会化的探索步伐不断加快，各种形式的集体办、民办养老机构开始不断涌现。根据相关年份民政统计数据，城乡养老机构由1986年的3.5万家增加到1999年的4.0万家，增幅14.3%；养老床位数由1986年的58.7万张增加到1999年的108.8万张，增幅85.3%。养老机构中有相当的比例具备照护服务功能。

二是照护服务对象更加多元。计划经济时期，我国养老服务是面向鳏寡孤独老年人的社会福利事业，收住老年人大多以城镇"三无"老年人和农村"五保"对象为主，并不向其他社会成员开放。改革开放后，在"社会福利社会办"思想的指引下，原有的服务界限被逐步打破，部分地方福利机构逐步允许孤老职工自费养老，放开对收容老年人的限制。20世纪80年代中后期开始，各类集体办、民办养老机构面向有需求和有经济负担能力的社会老年人开放。随后，公办养老机构也开始放宽入院限制，在有富余服务能力的情况下，社会老年人在缴纳一定费用后也可以进入福利院、敬老院和其他机构养老，使养老机构入住率大大提升，床位使用效率得到明显改善。根据《1989年民政事业发展统计报告》数据，以农村敬老院为例，1989年全国有1675个农村敬老院试水收住自费社会老年人，当年收住自费社会老年人超过9000人。

三是养老机构建设更加规范。在养老服务的社会化探索和实践过程中，为了规范养老服务机构的管理和运行，促进行业健康良性发展，民政部门相继出台了《社会福利机构管理暂行办法》(已废止)、《老年人社会福利机构基本规范》、《老年人建筑设计规范》等一系列政策文件，从服务水平、硬件标准等方面规范了养老机构的管理，并允许养老机构服务项目不再局限于单一生活保障，逐步加入养老、医疗、康复护理、精神慰藉等服务内容，大大提高了我国养老服务业的规范化水平。

二、长期照护保障政策的“自主独立”探索时期(2000—2015年)

(一)改革动力：人口老龄化压力逐步释放

2000年第五次全国人口普查数据显示，我国60岁及以上老年人数量达到将近1.3亿人，占人口总数的10.46%，完全迈入了“60岁及以上老年人超过总人口10%”的老龄化国家门槛。与1990年第四次全国人口普查相比，老年人数量增加了34.1%，而总人口仅增加了12.8%。[1]同期，我国人均国内生产总值仅约为865美元，仍然处于低收入国家行列，和发达国家之前进入老龄化的时间点相比，经济发展阶段远远落后。较低的经济社会发展水平和快速的人口老龄化发展，使我国面临着"未富先老"的严峻形势，人口老龄化成为我国经济社会发展必须面对的中长期挑战，"老有所养"工作开始得到了前所未有的重视。在此背景下，长期照护保障制度也开始逐步从养老服务体系中剥离出来，形成具有自身独特政策特征的多层次系统性保障政策。

在此背景下，一系列关于长期照护服务的政策出台。在养老服务相关政策文件中，多次提出了发展老年护理、医疗护理服务等内容，对于长期失能老年人的护理服务需求予以明确回应。2006年全国老龄工作委员会办公室、国家发展改革委等十部委印发的《关于加快发展养老服务业意见的通知》提出，支持发展老年护理、临终关怀服务业。支持兴办老年护理、临终关怀性质的医疗机构，鼓励医疗机构开展老年护理、临终关怀服务。根据实际情况，对开展老年护理、临终关怀服务的机构按规定予以扶持。此后，支持老年护理服务发展先后在《关于全面推进居家养老服务工作的意见》《中国护理事业发展规划纲要（2011—2015年）》《关于加快发展养老服务业的若干意见》等政策文件中得到重申和强化。长期照护服务逐步成为一项独立的解决高龄老年人失能照护服务需要的公共政策内容。

（二）政策构建：长期照护保障的政策独立性凸显

一是长期照护在"老有所养"的整体框架内形成更加清晰明

[1] 徐勒.第五次全国人口普查中有关老年人口主要数据[J].老龄问题研究，2003（3）：5.

确的边界。2013年，国务院印发了《关于加快发展养老服务业的若干意见》，不仅正式提出“养老服务业”的基本概念，同时明确提出，到2020年要全面建成以居家为基础、社区为依托、机构为支撑的，功能完善、规模适度、覆盖城乡的养老服务体系，为长期照护服务体系发展奠定了坚实的服务支撑基础。此外，还也提出生活照料、医疗护理等养老服务覆盖所有居家老年人，老年生活照料、老年健康服务等业态全面发展等改革方向，明确了长期照护服务内容及项目，对长期照护服务发展提出了框架式要求。

二是局部地区先行先试探索地方性照护服务政策。在养老服务发展大势的推动下，部分地区率先开展了地方性照护服务政策探索。例如，2009年北京市出台了《北京市市民居家养老（助残）服务（“九养”）办法》，也被称为“九养”办法。“九养”办法统筹利用经济保障和服务保障机制，侧重对高龄老年人、失能残疾人的照护服务予以一定补助。在办法上，按照标准向符合条件的老年人、残疾人发放养老助残服务券，满足他们在生活照料、家政服务、康复产品使用方面的基本需求，具有一定的照护服务补助性质。同时，长期护理保险政策在部分城市正式试水，这一时期的长期护理保险制度，普遍脱胎于基本医疗保险，具有基本医疗保险制度的补充性质。2012年青岛市率先在全国建立了长期医疗护理保险制度，聚焦解决慢性病老年人长期住院“压床”问题，把医疗护理作为主要保障内容。2013年上海市在职工基本医疗保险框架下探索高龄医疗护理政策，在医疗保险住院待遇中向高龄人员的医疗护理服务项目倾斜。此后，长春市、南通市也在本地以社会保险方式建立制度化的长期照护保障安排（表3-1）。

表3-1 长期护理保险前期自主试点情况

试点城市	试点时间及措施	主要内容
青岛市	2012年，建立了长期医疗护理保险制度	重点解决失能人员的医疗护理问题，探索实现医、护的分离，提供置管、褥疮护理、管道护理、必需的医疗注射等医疗护理
上海市	2013年，建立高龄老年人医疗护理计划	重点为低收入、困难人群提供护理补贴，在医疗保障框架下提供医疗护理服务
长春市	2015年，建立失能人员医疗照护保险制度	在医疗照护机构接受照护服务所涉及的床位、护工、设备使用费，但入住医疗机构的，采用按病种付费的方式
南通市	2015年，建立基本照护保险制度	侧重对参保人员提供基本生活照护服务，原医疗护理项目仍主要由基本医保承担

三是“补缺式”照护服务政策逐步制度化发展。我国虽然建立了针对特殊困难老年人的五保供养等制度安排，但长期以来该制度在实施中表现为集体经济自筹资金、自我保障的特征，并没有专门的社会化运行机制和财政筹资予以支持。2006年，《农村五保供养工作条例》正式颁布，要求五保供养所需资金由地方财政统筹安排，并将服务管理和服务提供职能由集体自发提供转为民政系统统筹负责，相关养老服务设施也转为公办运营，使五保供养制度由社区互助机制转型为财政支持的现代意义上的社会保障制度。

三、长期照护保障体系正式建制时期（2016年至今）

（一）改革动力：积极应对人口老龄化上升为国家战略

一是人口老龄化应对和长期照护服务体系建设得到了前所未有

的高度重视。习近平总书记对老龄工作作出了一系列重要批示。应对人口老龄化被摆在了事关国家发展全局、事关亿万百姓福祉的位置，并立足当前、着眼长远，不断加强顶层设计，明确提出了建立“相关保险和福利及救助相衔接的长期照护保障制度”的要求。2019年，中共中央、国务院印发《国家积极应对人口老龄化中长期规划》，提出开展护理保险制度试点，完善长期照护保障政策的改革要求。党的十九届五中全会通过的《中共中央关于制定国民经济和社会发展第十四个五年规划和二〇三五年远景目标的建议》中，正式提出把积极应对人口老龄化上升为我国的国家战略。顶层设计方向明确，带动各项专项政策加快推进，为长期照护保障体系“建纲立制”提供了根本性支撑。

二是人口变动态势为我国应对人口老龄化提供了重要窗口机遇期。新中国成立后，我国经历了三次明显的人口生育高峰。“十三五”时期和“十四五”初期，我国正好处于两次人口出生高峰的交替期，人口老龄化速度阶段性放缓，老龄化增幅有所下降，为完善应对人口老龄化的顶层设计，优化社会保障、医疗卫生等基本制度，建立包括长期照护保障体系在内的专项保障机制，提供了阶段性的窗口机遇期。

三是各项改革配套协同推进为长期照护保障制度落地打下了基础。这一时期，解决高龄老年人、失能老年人和失智老年人的服务需求，成为“老有所养”政策的重要发力点。养老服务能力大幅增长，在服务体系构建中更加强调护理床位的占比。同时，长期护理保险制度先后启动了两期国家试点，残疾人护理补贴、困难老年人护理补贴等制度全面覆盖，推动长期照护保障的主体制度加快成型，制度外延更加清晰。

（二）政策构建：多层次长期照护保障政策结构趋于清晰

一是启动长期护理保险制度国家试点并扩大试点范围。2016年6月，在充分借鉴前期青岛、上海、长春和南通地方经验的情况下，人力资源社会保障部办公厅印发《关于开展长期护理保险制度试点的指导意见》，提出长期护理保险制度是应对人口老龄化的战略举措，明确我国政策口径下的长期护理保险是以社会互助共济方式筹集资金，目标是为长期失能人员的基本生活照料和与基本生活密切相关的医疗护理提供保障，要求用1~2年时间形成长期护理保险的基本政策框架。该文件确定承德市等15个城市作为第一批试点城市，山东省、吉林省作为重点联系省份。针对前期试点暴露出的政策分化问题，2020年9月，国家医疗保障局和财政部联合印发了《关于扩大长期护理保险制度试点的指导意见》，明确新增北京市石景山区等14个地市为第二批长期护理保险制度试点。从政策规定看，第二批国家试点并不是第一批试点的简单扩大化，而是对长期护理保险提出了"独立运行、独立险种、独立设计、独立推进"的要求，并廓定了参保、筹资、待遇支付、管理服务等改革试点的重点方向。

二是多层次长期照护保障体系逐步搭建。在长期护理保险制度积极试点的同时，面向困难群体的兜底性照护保障政策也同步建立并广泛推广。一方面，在社会救助体系整体框架下，特困老年人供养制度构建更加规范。同时，针对其他困难老年人、重度失能残疾人的专项兜底性护理保障制度加快建立。2015年9月，国务院印发《关于全面建立困难残疾人生活补贴和重度残疾人护理补贴的意见》，为一级、二级且需要长期照护的重度残疾人因额外所需长期照护提供现金补助。2023年5月，中共中央办公厅、国务院办公厅共同印发《关于推进基本养老服务体系建设的意见》，提出制定落实国家基本养老服务清单，其中明确了养老服务补贴、护理补贴、特困老年人集中供养等长期照护物质帮助和服务帮扶形式。2023年10月，财政部与民政部联合印发《关于组织开展中央财政支持经济困难失能老年人集中照护服务工作的通知》，正式用中央财政性资金以“补缺口”方式，为经济困难失能老年人接受集中照护服务提供购买服务性补助，救助金额为困难老年人入住养老机构的实际收费标准与老年人低保、残疾人“两项补贴”等补助资金之间的差额。

三是长期照护服务的有效供给能力大幅增强。“十三五”以来，养老服务体系构建中不再单纯把床位数作为主要指标，而是积极推进服务体系的提质增效，注重支持高龄、失能、失智老年人所需的照护服务业态，护理床位占养老床位的比例不断提高，医养结合向纵深推进。我国机构养老床位数量由2016年的378.8万张，增至2020年的488.2万张，增长了28.9%（表3–2）。从养老机构收住的老年人结构看，尽管机构实际的床位使用率不断走低，但收住的失能、半失能老年人数量却大幅增长，由2016年的70.02万人增至2020年的109.8万人，增长了56.8%，养老机构照护比指标大幅改善，由2016年的6∶1降至2020年的4∶1，越来越多的养老机构具备长期照护服务的设施条件和人力。高龄失能老年人是机构养老服务的刚需人群，机构养老服务利用效率的提高，代表着长期照护服务的供给水平不断提高，功能结构也更加优化。

表3–2　我国长期照护服务供给能力变化

项目	2016年	2017年	2018年	2019年	2020年
机构养老床位数/万张	378.8	383.3	379.4	438.8	488.2

续表

项目	2016年	2017年	2018年	2019年	2020年
入住失能老年人人数/人	262339	300935	334589	431555	491006
入住半失能老年人人数/人	437849	442196	460466	533020	607011
机构照护比	6∶1	5∶1	5∶1	5∶1	4∶1

资料来源：2016—2021年《中国民政统计年鉴》。

第四章

我国多层次长期照护保障的制度供给结构

一、主体制度：长期护理保险

（一）长期护理保险制度的特征

1. 长期护理保险制度的共性特征

我国长期护理保险制度虽然整体仍处于试点阶段，但从特征来看，是覆盖全民的主要照护保障制度安排，也是多层次长期照护保障体系的主体制度。2016年以来，我国长期护理保险制度开展了两批国家试点。第一批试点政策对长期护理保险制度的政策框架进行了初步勾勒，确定了15个试点城市和2个重点联系省份。第二批试点在总结第一批试点经验基础上，兼顾地区均衡和省域均衡，确定了14个国家试点城市，并进一步优化政策结构。在筹资方面，着重均衡筹资责任，逐步建立长期护理保险独立筹资渠道；在待遇支付上，强调了明确待遇支付程序、范围、水平；在管理服务机制方面，侧重加强基金管理、服务管理和经办管理，并以试点为切入口探索社会保险领域治理创新，逐步形成政府和社会力量合作的经办服务格局。

两批试点主要政策维度基本相同，都是从任务目标、保障范围、参保对象、基金筹集、待遇支付、经办管理等方面探索制度设计框架。但在具体改革内容和试点要求方面有了一定变化，不断修正调整试点方向，表明政策制定者对长期护理保险的基本逻辑和制度方向有了更加清晰的认识。从政策实施看，两批国家试点的政策规定具有如下共性特征。

一是制度覆盖的普适性。护理保险在保障对象上具有普遍覆盖的特征，所有符合条件的对象均可参保，按照各试点地区长期护理保险的参保做法，往往与基本医疗保险参保资格挂钩，在"全民医保"背景下，意味着这一制度将具有全民覆盖的基础。

二是保障待遇的唯一关联性。其他各类兜底性的照护保障制度会把经济因素作为待遇享受的考量，甚至会根据经济条件建立阶梯形的保障支付机制，但长期护理保险在待遇享受环节以失能条件作为唯一依据，不会以其他经济性因素确定待遇标准。

三是待遇标准的稳定性。两次试点方案均明确了长期护理保险的支付比例在70%左右，实际明确了长期护理保险相对于长期照护支出的替代率，且这一保障标准具有成本弹性，可以根据照护成本变化调整支付金额，实现相对稳健的保障。

2.两批长期护理保险制度试点的政策演进

一是政策目标更具弹性。第一批国家试点要求"十三五"时期完成制度定型，仅提出形成护理保险政策框架的任务，第二批试点将政策定型时间适度延后，并在明确加快形成基本政策框架的同时，提出建立满足多元需求的多层次保障制度。既使制度的建制目标更加合乎实际，又为多层次长期照护保障体系建设提供了更加有弹性的政策空间。

二是基本制度架构更加清晰。与第一批国家试点相对"粗线条"勾勒相比，第二批试点对制度框架的规范更加明确。在保障对象方面，第一批试点提出了"长期处于失能状态的参保人群为保障对象"。第二批试点明确了"从职工基本医疗保险参保人群起步"，并按照失能发生后6个月经医疗治疗无改善作为长期失能的界定。从资金筹集来看，第一批试点把从职工医保基金中划转资金或者利用职工医保个人账户资金作为优先选择，第二批试点要求各地建立互助共济、责任共担的多渠道化筹资机制，事实上要求逐步实现长期护理保险基金与基本医疗保险基金的“解绑”。从待遇支付来看，虽然都强调了70%的支付比例，但是第二批试点更加明确了“基本护理服务”的概念，落实“保基本”要求。

三是基金管理和经办服务权责更加明确。第一批试点政策中，对制度独立性和与社会力量合作经办的边界划分考虑不足，第二批试点也作出了积极的政策调整。一方面，将长期护理保险基金的“单独管理”上升为“单独建账、单独核算”，从财务上奠定了长期护理保险制度作为独立险种的基本地位。另一方面，明确社会力量参与经办服务环节，确保了长期护理保险的基本社会保险性质（表4-1）。

表4-1　长期护理保险制度试点与扩大试点政策比较

政策维度	第一批国家试点要求	第二批国家试点要求
任务目标	在“十三五”期间基本形成长期护理保险制度政策框架	在“十四五”期间基本形成长期护理保险政策框架，推动建立健全满足群众多元需求的多层次长期护理保障制度
基本原则	着力解决失能人员长期护理保障问题	重点解决重度失能人员长期护理保障问题
参保对象	原则上主要覆盖职工医保参保人群	从职工医保参保人群起步，有条件地方可逐步扩大参保范围
资金筹集	通过优化职工医保统账结构、划转职工医保统筹基金结余、调剂职工医保费率等途径筹集资金	探索建立互助共济、责任共担的多渠道筹资机制
待遇支付	按比例支付护理服务机构和护理人员为参保人提供的符合规定的护理服务所发生的费用，支付比例控制在70%左右	支付符合规定的机构和人员提供基本护理服务所发生的费用，支付比例控制在70%左右
基金管理	基金单独管理，专款专用	基金单独建账，单独核算

续表

政策维度	第一批国家试点要求	第二批国家试点要求
经办管理	社会保险经办机构可以探索委托管理、购买以及定制护理服务和护理产品等多种实施路径、方法	引入社会力量参与长期护理保险经办服务，充实经办力量。社会力量的经办服务费，可从长期护理保险基金中按比例或按定额支付

（二）延长长期护理保险制度试点周期的主要考量

一是长期护理保险第一批试点未能对全部改革任务形成普遍性共识。虽然在2016年相关试点文件中提出了"十三五"时期实现政策框架定型的阶段性目标，但是第一批试点城市在多元筹资机制建设、保障范围和待遇标准确定、失能评估量表形成、照护服务体系衔接等关键方面尚未形成普遍性共识，对"独立险种，独立设计、独立推进"的体现还有一定模糊，建立适应我国基本国情的护理保险政策框架的基础条件还不成熟。再加上长期护理保险作为我国积极应对人口老龄化的基础性政策安排，制度建设绩效直接决定着每个家庭老有所养的质量，而制度筹资规模、支付方向也会对我国养老服务、医疗服务体系产生联动影响，政策牵连面广泛，在积极推进的同时更应稳字当头。为此，有必要继续扩大试点范围，合理调整制度定型的时间表，通过更大体量和更长时间的政策实践，审慎选择最优制度方案。从人口条件来看，"十四五"时期我国老年人群体仍以活力老年人为主，失能老年人比例反而会呈现出阶段性下行态势，也为未来一段时期积极扩大制度试点提供了相对宽松和从容的改革"窗口期"。

二是形成中国特色的长期护理保险方案尚需进一步深入探索。目前，虽然已经有一批国家引进了长期护理保险制度，但各国在筹资来源、筹资规模、支付范围、评估标准等关键环节均不统一，没有形成清晰的制度模式参照，部分国家由于参数机制设计不合理，费率频繁调整，支付范围大规模调减，制度无法定型，并对财政形成了连带性压力。这既表明长期护理保险建制难度较大，制度设计复杂，也意味着没有成熟的国际经验可供我国照搬。形成适应我国基本国情和经济社会发展阶段、顺应我国人口老龄化提速进程、全面回应“老有所护”民生诉求的长期护理保险基本政策框架，更加需要足够体量的政策实践积累和足够长时间的政策试错检验。

三是避免政策选择不当导致改革成本加大。前期部分社保制度的改革教训表明，如果在政策建制过程中急于求成，将还未定型或者实践效果不明确的制度设计盲目推广，政策摆脱不良依赖回归正轨的改革成本将几倍甚至几十倍放大，并且还会带来既得利益群体固化、改革成本外溢的风险。为此，在积极谋定改革时间表与路线图的前提下，充分尊重制度成熟发展的逻辑和规律，合理调整试点节奏，力争在“十四五”时期基本形成适应经济发展水平和人口老龄化发展趋势的长期护理保险制度政策框架，给予长期护理保险制度成长足够的时间和空间。

四是围绕关键问题加快开展制度“攻关”。扩大长期护理保险制度试点，既是对前期经验的提炼总结，更要在筹资方式、筹资标准、支付范围等方面攻克还未有普遍性共识的制度设计难题，要在购买商业保险机构经办服务等改革新任务方面探索操作路径和形式，要在划转医保个人账户筹资等改革措施方面与医保关联改革协同并进，从而充分发挥局部性试点对制度全面建设的示范、突破和带动作用，在“独立险种，独立设计、独立推进”基本前提下，为我国最终建立覆盖全民、权责清晰、保障适度、更可持续的长期护理保险制度提供系统集成的政策依据和实现方案。

（三）长期护理保险制度试点的总体进展

1.试点总体情况

长期护理保险制度试点自启动以来，各地积极参与，推进长期护理保险制度实现规模化覆盖。目前，在国家试点层面，聚焦于山东、吉林两个试点省和两批试点的29个城市，合计试点城市49个。在国家试点基础上，部分省份也开展了省级试点工作或自发试点。例如，浙江省在建设共同富裕先行示范区过程中，推动全省长期护理保险普遍覆盖。江苏省南京市等城市以“失能保险”等名义推动开展长期护理保险制度的试点。

截至2022年底，长期护理保险参保人数已达1.699亿人，当年享受待遇人数达到120.8万人，基金收入240.8亿元，基金支出104.4亿元。协议定点护理服务机构7679个，带动护理服务人员就业33.1万人（表4–2）。

表4–2　我国长期护理保险发展状况统计

项目	2020年	2021年	2022年
参保人数/万人	10835.3	14460.7	16990.2
享受待遇人数/万人	83.5	108.7	120.8
基金收入/亿元	196.1	260.6	240.8
基金支出/亿元	131.4	168.4	104.4
定点护理服务机构数量/个	4845.0	6819.0	7679.0
护理服务人员数量/万人	19.1	30.2	33.1

资料来源：2020—2022年《全国医疗保障事业发展统计公报》。

从关键政策维度和机制来看，长期护理保险制度试点取得了积极进展，各地按照扩大试点的政策要求不断完善基本制度设计，因地制宜开展政策探索，已经形成了一些制度共识，但在具体参数规定方面仍有明显差异。

2. 参保和待遇政策

从参保覆盖人群来看，各地均把职工群体优先纳入覆盖范围，但同时部分地方兼顾居民的参保需求，形成了二元化覆盖机制。梳理各统筹地区的数据发现，在缴费政策上，采用了比例筹资、定额筹资或者职工按比例、居民按定额的混合式筹资方式。从筹资标准看，比例筹资的费率为0.2%~0.4%，居民定额筹资按照居民收入套算，也多为0.1%~0.3%，制度筹资总体处于较低水平。上海市因护理保障范围较为宽泛，筹资标准也明显高于其他统筹地区，费率达到1%。

在待遇上，各地普遍形成了覆盖居家护理和机构护理的待遇目录机制，政策范围内基金的支付比例在70%左右。但是一方面各地对于长期失能人员所需生活照护和与之密切相关的医疗护理服务理解不一，再加上各地医保制度服务目录方面也尚未做到完全统一，在制度间衔接和服务功能定位上的差异导致长期护理保险目录区别较大，支付方向有的侧重医疗护理有的侧重生活照护，目录口径也有宽有窄。另一方面，各试点地区对机构护理中是否应剔除基础护理费用、床位费用的理解也不完全一致。这些都导致了虽然均名为“长期护理保险”，各地护理成本差异也相对较小，但护理支付范围、标准却有显著不同。

3. 筹资主体来源

从缴费主体来看，各地初步形成了多元化筹资机制，独立筹资路径相对清晰。职工参保群体主要按照个人与单位分担模式筹资，也有一些试点城市引入了用人单位缴费和个人缴费之外的其他筹资来源，个人与“非个人”的筹资负担比例大致为1∶1。在单位缴费方面，大多数地方将职工医疗保险单位缴费中按比例划转至长期护理保险基金，履行单位缴费责任。也有部分统筹地区在降低职工医保单位缴费过程中，将企业下调的费率部分平移至长期护理保险基金账户。无论采用哪种单位缴费路径，都没有增加用人单位的缴费负担。在职工个人缴费方面，主要采用将个人账户"活化"后资金划转至长期护理保险基金的做法，特别是近年来部分地区率先启动了个人账户门诊共济机制改革，为长期护理保险个人筹资提供了较为充足的空间。

基于各地试点政策梳理发现，居民参保群体多采用个人与财政分担筹资模式，分担比例大致为6∶4，大部分试点地区以个人缴费作为主要筹资来源。但南通、上饶、荆门、呼和浩特等地区财政负担占比略高，甚至有5个统筹地区由财政承担全部筹资责任。同时，有9个地级市由医保基金部分负担筹资。此外，山东等较早试点地区，采用了把福利彩票公益金作为长期护理保险的筹资来源，福建省晋江市长期护理保险基金中探索增加社会捐赠筹资，这些尝试都进一步拓展了长期护理保险制度的多元筹资路径。

二、兜底保障：面向困难老年人的照护供养和补助制度

（一）特困人员供养制度

特困人员供养制度是我国新型社会救助的重要组成部分，这里的特困供养人员是指无劳动能力，无法定赡养、抚养、扶养义务人的老年人、残疾人和未成年人，在实际政策落地中普遍面向城市"三无"老年人、农村"五保"老年人和孤儿、事实无人抚养儿童

等困境群体。特困人员供养制度通过集中供养、分散供养方式，提供基本生活保障、生活照料和医疗保障，有着长期照护保障的基本功能，也是长期照护保障兜底性政策的重要组成。

面向老年人的特困人员供养制度的基础是农村五保供养制度。在我国推进农村集体经济发展过程中，努力把农村社会福利事业在农村集体经济框架下嵌入式解决，针对当时农村因战争、自然灾害和身体等原因出现的无人赡养且无劳动能力老年人的保障问题。在1956年发布的《一九五六年到一九六七年全国农业发展纲要（草案）》中提出了农业合作社对鳏寡孤独等缺乏劳动力的社员，要在生产队或者生产小组内予以统筹安排；对尚有一定劳动能力的，安排他们承担适宜工作；并要求在生活上予以照顾，做到保吃、保穿、保烧（燃料）、保教（少年和儿童）、保葬，使他们的生养死葬都有指靠。这一规定事实上提出了，面向农村特困老年人应予以必要的生活照护支持。此后，随着农村集体经济改革的推进，五保供养经费和支持来源规范为乡统筹和村提留。在深入推进农村税费制度改革并取消“三提五统”后，五保供养制度的建设逐步正规化。2006年，《农村五保供养工作条例》正式颁布实施，形成了现代社会保障框架下的特困老年人长期照护救助机制。与之前村集体内部的互济性机制相比，新的五保供养政策呈现出如下特征。

一是明确了财政责任。要求五保供养资金由所在地方的政府财政资金统筹解决，中央财政对困难地区的五保资金予以适当补助，从财权上实现了制度性质的根本转变，既强调了基本制度的财政供养特征，同时明确了中央与地方分责、分权管理。二是限定了供养对象边界。农村五保供养制度的供养对象中的老年对象，限定为个人既无劳动能力又没有生活来源，且没有赡养人或赡养人无力赡养的情况，从个人身体条件、社会支持条件和经济保障条件方面进行了限定，具有明确的补缺性特征。三是在供养内容和方式中强化长期照护的要求。在供养内容上，除了要求供给食物、燃料、生活用品等基本生活所需外，明确了“提供疾病治疗，对生活不能自理的给予照料”的要求，将长期照护功能进一步制度化。在供养方式上，分为集中供养与分散供养，其中集中供养即将五保对象收住福利机构，使其享受各项照护服务和医疗保障，该方式已经具备完整的长期照护服务保障实质。

2014年2月，《社会救助暂行办法》出台，将城乡特困人员供养制度纳入社会救助体系，把对生活不能自理的照料服务、提供疾病治疗都明确为特困人员供养内容，进一步强化了特困人员供养的兜底性照护保障职能。民政部门数据统计显示，截至2023年底，全国城市特困供养人员合计37.3万人，农村特困供养人员合计435.4万人。城市特困供养人员救助资金59亿元，农村特困供养人员救助资金500.2亿元，城市和农村特困人员供养的实际补偿水平分别为1.58万元/人和1.15万元/人。

（二）照护津贴补助制度

长期失能人员多为残疾人，其中不少又因残、因病陷入经济贫困，与重度残疾人群体和经济困难的老年人群体高度重叠；而长期失能人员无论由机构照护还是居家接受照护服务，其所需实物和现金支出都会高于同类条件下的其他非失能困难人群。为此，我国政府在“十三五”时期面向兼具长期失能、残障、经济困难等诸多特征的群体，提供专项的津贴补助，进一步提高困难老年人的照护服务支付水平（表4-3）。

表4-3　长期照护津贴补助制度情况

项目	保障对象条件	支付标准和方式	制度衔接
重度残疾人护理补贴	以身体残疾程度为主要依据	由各地方确定，可采用现金或服务凭证方式	与工伤护理费、特困人员供养之间有排他性，与最低生活保障有兼容性
经济困难失能老年人补贴	以经济困难条件和失能状况作为双重依据	可采用现金或者服务凭证方式，逐月发放	与主要社会救助制度均有兼容性，注重与养老服务体系的有机衔接

1.重度残疾人护理补贴

由于残疾人是社会最需要关爱的群体，我国在“十二五”末期就推动建立残疾人津贴补助制度。最初这一制度目标定位为残疾人的基本生活补助，但考虑到残疾与失能之间存在比较紧密的延承性，重病重残往往是失能成因，残疾迁延演化也会导致失能，因此，解决残疾人群体的基本生活保障问题，需要进行专门的护理服务保障安排。2015年9月，国务院正式印发了《国务院关于全面建立困难残疾人生活补贴和重度残疾人护理补贴制度的意见》（国发〔2015〕52号，以下简称《意见》），为解决残疾人的基本生活困难和照护服务困难，明确建立残疾人“两项补贴”制度，把重度残疾人护理补贴作为其中的重要保障项目。

在补贴对象上，聚焦于一级、二级残疾人且需要长期照护服务的重度残疾人，同时，允许各地进一步扩大残疾人护理补贴的覆盖范围，如非重度残疾人、智力残疾人、精神残疾人等。服务所聚焦的长期照护是指因残疾产生的特殊护理消费品和照护服务支出持续6个月以上时间。在保障标准上，由于是地方事权，采用因地而异的办法，由各省级人民政府根据地方经济社会发展水平统筹确定，可以采用现金形式按月发放，也可以采用购买服务的方式支付。《意见》要求做好与最低生活保障、工伤保险生活护理费、特困人员供养制度的衔接。其中工伤保险生活护理费待遇、特困人员供养待遇与重度残疾人失能补贴之间具有一定排他性，纳入特困人员供养保障的残疾人不能同时享受残疾人两项补贴，但是享受孤儿基本生活保障待遇的残疾儿童可以平行享受重度残疾人护理补贴。而最低生活保障制度与重度残疾人护理补贴之间则有兼容性，护理补贴待遇不计入最低生活保障标准。

2. 经济困难失能老年人补贴

我国最低生活保障等社会救助政策着力聚焦于基本生活的保障，对于老年人因病、因残等原因导致的生活不能自理情形和由此带来的基本生活费用、医疗护理费用增长情况，缺乏统筹考虑。在2013年印发的《国务院关于加快发展养老服务业的若干意见》（国发〔2013〕35号）中，就从提高养老服务业需求侧保障水平视角，要求"各地要加快建立养老服务评估机制，建立健全经济困难的高龄、失能等老年人补贴制度"。2014年9月，财政部、民政部、全国老龄工作委员会办公室联合印发了《关于建立健全经济困难的高龄失能等老年人补贴制度的通知》，其中明确了我国失能老年人总数达3700万人，而目前缺乏制度性的护理保障安排，要求各地应根据经济社会发展水平、人口老龄化进展程度，综合地方实际，因地制宜建立护理补贴政策。为解决困难老年人照护保障所需，特别是做好经济困难老年人的照护服务兜底，"十三五"时期开始，各地在完善面向老年人的经济补助、高龄津贴政策的同时，也在逐步探索建立以失能老年人为群体的现金补贴制度。

目前，经济困难失能老年人补贴政策与重度残疾人护理补贴制度相似，中央仅作统一的制度层面要求，在机制层面、参数设计层面、政策实施层面，完全采用由地方因地制宜，分散决策的办法，由省级人民政府考虑地方财力水平和既有政策基础，确定补贴范围、补贴路径、补贴对象。

在补贴对象上，相关政策明确为经济困难的失能老年人，既有经济条件的限定，又有身体条件的要求，至于经济困难对象是仅限于低保等民政对象，还是可以适度拓展外延，均由地方把关确定。同样，在享受补贴的失能条件上，也由地方明确范围，中央不再统一确定。

在补贴标准、方式和经费来源上，相关政策明确均由各地出台办法。其中补贴标准，根据当地经济发展水平，考虑护理服务成本、养老机构所需和政府实际财力情况确定，不要求各省出台统一标准，可进一步将相关事权下沉至县市。在补助方式上，可以按月发放现金补助，也可以按月发放代金券、可兑换服务的有价凭证方式，保障补助的购买效果。在经费保障上，完全采用地方经费保障方式，在地方财政上落实。

在政策衔接上，并没有与重度残疾人护理补贴制度相类似的“排他性”政策安排，意味着这一制度在社会救助和福利的总体框架下，具备独立性，各类救助和福利对象可以叠加享受。经济困难老年人高龄补贴与失能补贴之间有一定的关联性，两种补贴往往同时出台，标准同向调整。此外，这一制度既有对经济困难失能老年人的经济保障功能，同时又担负协同推进养老服务改革发展的任务，因此更加注重与养老服务体系的衔接。养老、家政、物业等关联服务业态要加快发展社区居家养老服务，实现补助资金进入“老有所养”产业的大循环。推进建立养老服务评估制度，推动养老服务更加便利可及、价格回归到合理水平，能够满足失能老年人服务所需。

（三）经济困难失能老年人集中照护制度

当前，我国重度残疾人护理补贴、经济困难失能老年人补贴制度已全面建立，面向各类困难老年人提供了一定的经济兜底性补偿。但补助力度非常有限，无法真正全面解决老年人因失能带来的费用增长和服务短缺问题。在需求方兜底不足的同时，养老服务供给方的照护能力也出现了结构性过剩，面向各类特困对象的公办敬老院、养老机构，出现入住率走低现象，机构普遍"吃不饱"。为了打破服务供需之间的结构性失衡，切实更好兜住困难人群失能照护的保障之底，2023年10月，民政部、财政部联合印发《关于组织开展中央财政支持经济困难失能老年人集中照护服务工作的通知》，正式启动了支持经济困难失能老年人享受集中照护服务的保障工作。与之前的兜底性经济补贴政策相比，这一制度有以下重大变化。

一是在保障方式上，由经济性兜底转向了服务性兜底。根据这一政策安排，中央财政将安排专项资金，对入住养老机构的经济困难失能老年人予以救助，由过去的"补人头"，转变为"补人头"与"补床头"相结合，根据服务利用情况安排补助，使已失能的经济困难老年人能够得到集中的照护服务保障，更好减轻个人及家庭的照护服务压力。

二是在保障标准上，由绝对"补缺性"向相对"兜底性"转变。一方面，过去集中供养保障仅局限于"三无""五保"等特困人员，低保对象成为既没有经济负担能力，也没有服务兜底保障的群体。目前支持经济困难失能老年人接受集中照护服务的保障制度，使完全失能的低保群体可平等享受失能照护的权利和保障兜底，实现了制度的有机衔接，消除了政策性"短板""漏板"。另一方面，在补助标准上有所提高。过去各项津贴补助制度仅为有限的现金补差，不足以充分体现老年人照护服务所需。而集中照护服务保障将补助标准确定为老年人入住机构的实际费用标准，扣除各类现金补助的差额部分，实现了经济困难失能老年人的保障“全兜底”。

三是在财政责任上，由完全地方事权向央地分责事权转变。在过去残疾人“两项补贴”政策、经济困难失能老年人补贴政策下，地方财政作为唯一的资金来源，补助标准、补助方式、补助规模全部由地方财政统筹安排。虽然社会救助项目中央财政对中西部地区有专项转移，但就照护津贴安排而言，中央财政并未直接明确自身责任和补助路径。而集中照护服务保障政策出台后，中央财政在多层次长期照护保障供给方面直接“靠前发力”，明确了自身责任和支付标准。

四是在补助资金支付上，由“胡椒面”式向精准补助方式转变。各类津贴补助政策按人头发放，很难兼顾服务对象经济条件、需求差别、成本差异，资金补助是否能够顺利转化为服务购买，也缺乏后续的跟踪和顺畅的接续机制。集中照护服务保障机制实现了根据服务对象需要差异化提供保障的功能。一方面，在补助标准上是“补差式”救助，意味着失能严重人员能够得到更加充分的救助保障。另一方面，救助资金拨付上改变了传统“按人头”直拨的办法，与养老服务机构服务质量考核密切相关，服务绩效更好的机构能够获得更多机会和更大比例的资助。

五是在政策衔接上，努力考虑与现有制度之间的平衡衔接。发达国家社会保障制度“碎片化”的重要不足，就是制度叠床架屋，政策间多头保障。我国社会救助群体也出现了一定的福利叠加苗头，低保对象等困难群体能够获得一系列附加福利，其真实福利水平会略高于低保线标准。为确保集中照护服务保障制度不再发生类似情况，对政策边界进行了明确切割。一方面，集中照护服务救助金额是扣除了低保和相关现金补助之外的部分，这意味着福利待遇不能叠加享有。另一方面，考虑到很多地方在长期护理保险制度试点中对经济困难失能老年人进行了倾斜，明确已经在长期护理保险制度中获得保障，因此不用个人承担照护服务费用的经济困难失能老年人，不能二次享受集中照护服务保障的救助，避免政策二次给付。

但客观来看，虽然经济困难失能老年人集中照护救助工作刚刚启动，但仍有部分问题需要在未来的政策推进中予以关注。一是资金的可持续性问题。随着经济困难的定义范围动态调整，失能人员照护服务成本逐年上升，会带来财政支出逐年扩大，对政府财政形成了一定的连带压力，如保障资金短缺，会面临有效保障水平不足，或者服务覆盖难以达到政策预期等问题。二是服务能力的有效性。目前规定的是入住养老机构可以享受相应的救助待遇，但长期失能人员所需服务类型多元，特别是对医疗服务有着较高的依赖，单纯以养老机构为支付对象，会在一定程度上影响购买服务绩效，带来支付的有效性不足。三是保障体系的衔接性仍需进一步理顺。在社会救助和福利的大框架下，现金补助机制与服务救助机制之间采用"补差"方式可以很好兼容，但是政府购买服务机制与社会化长期护理保险制度之间仍存在一系列交叠问题，在待遇端既然明确了两种保障不可得兼，那么就会面临如何实现两类制度的服务质量相对统一、服务标准一致的问题。同时，长期护理保险制度实施中采用定点管理办法，两套照护保障制度的落脚点都是提供照护服务，在服务定点机构确定、失能等级评定等方面，都需要更加深层次的对接。

（四）基本养老服务待遇清单中长期照护服务项目

依据国家基本公共服务清单，为进一步建立基本养老服务制度，提升养老服务的照护保障、物质兜底、精神关爱等各方面有效保障水平，2023年5月，中共中央办公厅、国务院办公厅正式印发了《关于推进基本养老服务体系建设的意见》，要求围绕老有所养、老有所依必需的基础性、普惠性、兜底性服务，由国家提供直接支持或者一定方式的服务，把失能、残疾老年人作为刚需服务对象，把照护服务作为重点服务项目。基本养老服务实施清单制管理，把照护服务作为清单的重要列明内容（表4-4）。除失能补贴、特困人员供养等机制，目前纳入清单的照护服务项目包括老年人能力综合评估、家庭适老化改造、家庭养老服务支持、计划生育特殊家庭老年人优先享受机构养老等项目。需指出，国家基本养老服务清单中照护保障项目，有较大比例与兜底性照护服务保障重合，但也有一些内容具有一定的社会服务购买特征。

表4-4　国家基本养老服务清单的长期照护保障支持项目

保障项目	保障对象	服务内容	提供方式
老年人能力综合评估	65周岁及以上老年人	为65周岁及以上老年人提供能力综合评估，做好老年人能力综合评估与健康状况评估的衔接	服务供给
养老服务补贴	经济困难老年人	为经济困难老年人提供养老服务补贴	物质帮助
家庭适老化改造	经济困难老年人	为经济困难老年人按标准提供无障碍改造服务	服务供给
特困老年人供养	特困老年人	对在家供养或集中供养的特困老年人提供基本生活、疾病治疗、丧葬保障，对生活不能自理的予以照护	照护兜底

续表

保障项目	保障对象	服务内容	提供方式
探访服务	特殊困难老年人	面向独居、空巢、失能、留守、重残、计划生育特殊家庭提供探访关爱服务	服务供给
特殊贡献老年人集中供养	符合条件的特殊贡献老年人	对老年烈士遗属、因公牺牲军人遗属、病故军人遗属,以及进入老年的残疾、复员和退伍军人,陷入无赡养、扶养人或事实上无赡养、扶养人的,且享受国家定期抚恤的,提供集中供养、医疗保障等服务	服务供给
重度残疾人护理补贴	重度残疾老年人	对经评定为一级、二级且需长期照护的残疾老年人提供护理服务补贴	物质帮助

三、多层次发展:商业性护理保险

(一)我国商业性护理保险政策沿革

商业性护理保险是多层次长期照护保障体系的重要构成,发挥着多元化服务、个性化服务的筹资供给作用。虽然从美国政策发展历程来看,完全依赖商业照护保险构建照护保障的主体制度并不现实,但世界各国在商业健康保险产品中或多或少都会安排具备长期照护保障功能的产品。在我国,商业保险机构也在努力开拓商业护理保险市场,2006年6月,根据原中国保险监督管理委员会(以下简称保监会)审议的《健康保险管理办法》,明确了护理保险作为健康保险的地位,推动相关护理功能的保障产品出台。

随着我国长期护理保险制度试点全面推进,相关政策对于多层次照护保障也提出了明确要求,同步要求商业性护理保险的基础政策加快予以规范。因此,我国商业长期护理保险的政策起步和发展呈现出与社会护理保险基本同步的状态,"十三五"时期基本制度规范密集出台。制度变化大体可以分为三个阶段（表4-5）。

表4-5　我国商业性护理保险的政策沿革

政策阶段	代表性文件	政策重点
第一阶段	《关于进一步完善人身保险精算制度有关事项的通知》《关于规范人身保险公司产品开发设计行为的通知》	侧重规范商业性护理保险的定价原则和精算办法
第二阶段	《健康保险管理办法》（2019年发布）	对商业性护理保险内涵和管理机制进行了重新规范
第三阶段	《关于开展人寿保险与长期护理保险责任转换业务试点的通知》	推动将人寿保险保单给付责任转换为护理保险保单给付责任

第一阶段是对护理保险产品精算原则和定价办法予以规范。2016年，原保监会发布《关于进一步完善人身保险精算制度有关事项的通知》（保监发〔2016〕76号），要求保险公司在开发个人护理保险产品时，应保障已交保费或者账户价值比例符合底线要求，稳定风险保障水平。要求保险公司根据精算原理、销售情况、市场经营状况、利率水平和投资收益情况，确定业务价值水平，合理产品定价，对利润核定为负的产品，不予以备案，推动护理保险产品规范发展。此后，原保监会在2017年5月印发了《关于规范人身保险公司产品开发设计行为的通知》（保监人身险〔2017〕134号），进一步要求护理保险给付应该具有充足性条件，保险给付待遇应满足被保险人护理所需。

第二阶段是从根本上明确当前条件下商业性护理保险的范畴。2019年12月，原中国银行保险监督管理委员会（以下简称银保监会）新制定的《健康保险管理办法》正式出台，进一步重申了失能收入损失保险、护理保险等属于健康保险范畴，并对二者的产品管理、销售管理、准备金评估作了系统性规范。其中失能收入损失保险，是以收入能力丧失为给付条件的健康保险，由于收入能力丧失界定与失能界定具有共同性，因此这一险种具有一定的护理保障产品性质。而护理保险侧重对被保险人一旦发生日常生活障碍引发护理保障需求时，提供风险分担的健康保险产品。

第三阶段是强化养老与护理的产品联动。2020年1月，原银保监会第13个部门联合发布《关于促进社会服务领域商业保险发展的意见》（银保监发〔2020〕4号），明确提出"寿险赔付责任与护理支付责任"的转换，支持被保险人在失能时，提前获得保险金给付用于护理支出。事实上意味着将商业养老金待遇转换为护理保障服务的要求，实现"老有所养"与"老有所护"的打通联动。2023年3月，原银保监会发布《关于开展人寿保险与长期护理保险责任转换业务试点的通知》（银保监办发〔2023〕33号），明确投保人可以自愿申请，把处于有效状态下的人寿保险保单中身故或者期满给付的待遇责任，通过保单贴现法或者精算等价法，转换为护理给付责任，使被保险人在因疾病、伤残失能时，可以提前获得保险金给付。这一制度安排不仅拓展了商业长期护理保险产品的发展路径，也更加丰富了多层次长期照护保障的供给空间。

（二）我国商业性护理保险发展水平

在2005年，陆家嘴国泰人寿保险有限责任公司就率先出台了具有长期护理功能的商业保险产品，但是此后一度是"小众"存在。之后，由于并未规范定义何为"护理保险"，很多商业健康保险机构利用这一产品设计定义空白，推出了很多以短期、长期理财为特征的产品，长期护理保险产品自身的特征不明确，并未把被保险人身体上陷入"长期失能"作为保险给付的基础条件，产品供给规范不够，很多产品只是作为金融理财投资性质，按照快速返还方式组织，在达到生存条件时给付生存待遇或者年金，完全模糊了长期护理性质。在这一阶段，因产品投资回报周期灵活，领取条件便捷，很多非护理功能产品被统计为“护理保险”，再加上存在保费趸交、趸缴现象，护理保险产品经历了所谓“大爆发”阶段，2016年商业性护理保险产品原保费收入达到1208.3亿元，占商业健康保险原保费收入的近1/3。

商业性护理保险的高度自由发展，不仅影响了产品功能的实现，而且在一定程度上放大了财务金融风险。在2016年原保监会对人身保险产品性质、特征、定价原则进行规范后，既使商业性护理保险产品回归保障本源，也较大程度上抑制了市场无序增长，原保费收入锐减。仅2017年当年，护理保险产品原保费收入降至472.7亿元，较前一年下降了60.9%，占商业健康保险市场原保费总规模的比重降至10.8%。2018年，护理保险产品原保费进一步降至39.2亿元，仅相当于市场高峰时的3.2%，占商业健康险市场总规模的比重降至0.7%。市场实现了较为完全的“脱水”，所余护理保险产品虽然在性质上仍有较强的金融理财功能，但普遍把长期失能作为待遇领取的重要触发条件，也体现了长期照护保险产品真实的市场表现。

近年来，随着我国人口老龄化形势加剧，社会对于护理的需求不断释放，对于护理保险产品的消费者教育和自育正在形成，商业健康保险机构也把长期护理保障功能作为产品的重要卖点，带动市场进入理性健康的稳步增长轨道。2021年，商业性护理保险产品原保费收入回升至132亿元，占健康保险市场原保费收入比重升至1.5%（表4-6）。寿险与护理险转换工作的推进，必然能够为商业性护理保险产品提供广阔的财务基础和发展空间。

表4-6　我国商业性护理保险市场规模变化

年份	原保费/亿元	增速/%	占健康保险原保费比重/%
2013	112.4	10.0	8.5
2014	142.8	27.1	9.0
2015	389.8	172.9	16.2
2016	1208.3	210.0	29.9
2017	472.7	−60.9	10.8
2018	39.2	−91.7	0.7
2019	65.4	66.8	0.9
2020	122.7	87.5	1.5
2021	132.0	7.6	1.5

资料来源：根据原银保监会相关数据整理，转引自：朱铭来，申宇鹏. 我国商业长期护理保险的发展现状与未来展望[R]. 北京：中国保险保障基金有限责任公司，2023.

第五章

我国长期照护保障体系的政策支撑

一、服务资源支撑：社会养老服务体系

从服务供给的权责分类来看，公共服务包括基本公共服务、普惠性非基本公共服务两大类。其中，基本公共服务是保障全体人民生存和发展基本需要、与经济社会发展水平相适应的公共服务，由政府承担保障供给数量和质量的主要责任，引导经营主体和公益性社会机构补充供给。非基本公共服务是为满足公民更高层次需求、保障社会整体福利水平所必需但市场自发供给不足的公共服务，政府通过支持公益性社会机构或经营主体，增加服务供给、提升服务质量，推动重点领域非基本公共服务普惠化发展，实现大多数公民以可承受价格付费享有。《“十四五”公共服务规划》中对涉及长期照护服务的公共服务内容作了明确规范，要求到2025年城市养老机构护理型床位占比达55%等。在普惠性非基本公共服务中，侧重提出推动普惠型养老服务体系建设，发展集中管理运营的社区养老服务网络等任务。整体来看，养老服务主体部分具有普惠性服务特征，更多由企业单位或者民办非企业单位按照市场经济原则提供服务，需要使用者有效付费。从效果看，相关服务或多或少均有一定的照护保障效果，是我国长期照护保障体系的重要服务资源构成。

（一）社会养老服务体系建设进展

1.服务基础能力进一步增强

一是养老服务资源本底进一步扩容。据民政部发布的《2022年度国家老龄事业发展公报》，截至2022年底，全国共有各类养老服务机构和设施38.7万个，其中注册登记的养老服务机构4.1万个，

社区养老服务机构设施34.7万个，含城市社区养老服务机构和设施11.5万个，农村社区养老服务机构和设施23.2万个。各类养老床位数量大幅增长。截至2022年底，养老床位数合计829.4万张，其中机构养老床位518.3万张，社区养老机构床位311.1万张。

二是医养结合推进良好。随着我国人口老龄化走向深入，失能、半失能、高龄老年人占比不断增加，老年人的医疗服务需求和生活照护需求叠加，医疗服务与养老服务体系相互独立的资源配置格局难以满足老年人健康养老服务需求，弊端日益暴露。2015年12月，原国家卫计委等部门发布《关于推进医疗卫生与养老服务相结合的指导意见》，要求通过医养有机融合，确保老年人享有基本健康养老服务。在相关政策支持下，各地普遍建立医疗机构与养老服务机构的合作机制，在医疗巡诊、健康管理、保健咨询、预约就诊等方面予以便利。同时，支持养老机构开展医疗服务，开办老年病院、康复医院、护理院、中医医院、临终关怀机构等。2022年7月，国家卫生健康委员会等11个部门印发《关于进一步推进医养结合发展的指导意见》，要求进一步完善政策措施，着力破解难点堵点问题，促进医养结合发展，不断满足老年人健康和养老服务需求。重点包括积极提供居家医疗服务，增强社区医养结合服务能力，推动机构深入开展医养结合服务，加强医疗养老资源共享，完善价格、保险土地、财税支持政策，以及多渠道引才育才等。

专栏5-1

“医养结合”主要实践模式

1.社区辐射模式：由社区卫生服务中心或社会医疗机构为居家老年人提供基本医疗服务。通过家庭签约医生方式，为辖区居家老年人提供免费体检，建立老年人健康档案服务等多项基本公共卫生服务。同时，支持社区卫生服务中心或距离较近等级医院派驻医疗服务力量进驻成熟社区日间照料中心。

2.机构联合模式：养老机构与医疗机构合作，医疗机构到养老机构开展驻点服务，养老机构内部设置具有医疗机构资质的诊所，医疗机构及时把符合临床指征患者转诊治疗，在方便老年人就医的同时，实现了互利共赢。

3.嵌入式服务模式：在单体机构下，同时提供医疗卫生和养老服务。一类是养老机构内设建立符合医疗卫生管理规范的医疗机构，直接面向老年人提供医疗卫生服务。另一类是在有条件的医院内增设养老病房，或者开办“院中院”，为老年患者提供医疗、养老、护理综合服务。

2.社区居家养老服务体系更加完善

一是基础地位得到明确。在人口老龄化加速发展背景下，依赖养老机构有限床位供给已经难以充分解决城乡老年人社会化养老服务问题，这就要求在养老服务体系建设中更加重视发挥社区养老依托和居家养老供养作用。2000年中共中央、国务院印发的《关于加强老龄工作的决定》，首次提出了建立“以家庭养老为基础、社区养老服务为依托、社会养老服务为补充”，此后相关纲领性文件进一步明确了社区居家养老在养老服务供给体系中的基础性地位，推动养老服务供给格局发生深刻变化。机构养老“独木支撑”状态被打破，包括社区日间照料和居家养老支持在内的服务网络开始形成，社区居家养老成为95%以上老年人获得养老服务的主渠道，在社会养老服务中发挥着“主力军”作用。

二是在土地利用、筹资、标准建设等方面制定并实施了大量支持政策，有力推动了社区居家养老服务更高质量发展。一方面，利用财政资金和税收杠杆撬动社区居家养老服务改革，推动开展居家和社区基本养老服务提升行动，建立居家社区养老服务购买机制，推广高龄津贴和养老服务券制度，按照市场机制优胜劣汰，促进居家社区机构改善服务内容和质量。另一方面，着力解决养老服务机构用地难问题，规定了人均养老服务用地0.1平方米的刚性标准，明确新建小区配建养老服务设施。

三是服务供给模式进一步创新。部分地方探索社会力量以公办民营、民办公助、股权合作等方式参与社区综合服务设施建设、管理和提供养老服务，"互助幸福院"农村互助养老等适合中国国情的社区居家养老模式探索发展。从服务供给主体来看，由社区志愿服务，向社会组织、企业等专业化机构服务转变。从服务供给内容来看，由单纯的社区帮扶，延伸到家政、助餐、助浴、助洁、助急、助医等服务范围。

3.农村互助养老模式进一步探索

2011年起，河北省原肥乡县（现邯郸市肥乡区）通过大胆实践探索，创造性地建立了"集体建院、集中居住、自我保障、互助服务、优先优惠"的养老新模式。此后，互助幸福院等互助养老服务模式开始在全国部分县市试点推广，均取得了较好效果。互助幸福院在运行上，由集体出资，对村里废弃场所进行改造，免费提供住宿，并配备有电扇、暖气、厨具等设施。老年人签协议入住，吃饭、穿衣、医疗等由子女出资，没有专门服务员，老年人之间自我管理、互助服务。互助幸福院模式建设费用低，除村集体一次性投资建设外，每年水、电等费用仅几千元，老年人每月只需花费几十元，而且老年人与子女间的家庭联系并没有隔断。这种养老办法解决了老年人生活照料、精神慰藉、文化活动等问题，符合农村老年人居家养老习惯。既给老年人提供了集中居住、互相照顾、快乐生活的自由空间，也为子女赡养老年人提供了平台；既解除了老年人孤独寂寞的烦恼，也解除了子女外出务工的后顾之忧。

4. 养老服务业整体责任框架基本明确

一是养老服务多方主体责任框架基本明确。经过多年改革探索，对于养老服务体系的基本边界，以及政府、社会、市场和家庭的责任基本明确，养老服务并不是完全“一刀切”的政府责任，而是在政府制度供给基础上，多方共同搭建服务体系。政府是养老服务体系基础制度的建设者，是服务业发展的支持者，并直接承担“三无”“五保”等困难老年人基本养老服务托底。专业化市场机构和社会组织是养老服务的主要供给力量，负责开办、运营养老服务机构，生产服务产品，上门提供居家养老支持及其他服务支持。对于家庭而言，既是养老服务体系的主要购买方，也是在政府政策支持下，家庭养老服务的基本提供者（表5-1）。

表5-1　养老服务责任框架

责任主体	基本责任	着力点
政府	制度供给，提供基本公共服务	搭建养老服务政策框架，开展必要监管规制，保障困难老年人基本养老服务
市场机构、社会组织	供给养老服务和老年用品	生产老年用品，开办、运营养老服务机构，供给专业化养老服务
家庭	服务购买，居家支持	购买各类养老服务，居家养老服务的基本提供者

二是服务体系政策广泛出台。根据《国务院关于加快发展养老服务业的若干意见》等纲领性文件，国家先后出台一批促进养老服务业发展的专项政策，长期制约养老服务体系建设的税费、土地、融资、人才、医养结合等问题，得到了有效缓解。

（二）社会养老服务体系的供给侧短板

1.养老资源利用不充分

《中国民政统计年鉴2021》数据显示，2020年我国养老机构床位488.2万张，年末在院人数222.4万人，按照这一口径匡算，养老机构实际入住率不足50%，机构高空置率问题突出，有较大的负面影响。

一是养老服务民生获得感提升受阻。养老服务供给是我国公共服务体系建设中的主要"短板"，也是人民群众重点关注的民生痛点。养老机构床位空置率走高，意味着前期大量项目投入和政府财政补助资金未能有效转化为"老有所养"的服务供给，在民生福祉提升方面存在梗阻，增加了提高养老服务水平和改善服务质量的难度。

二是加剧了大城市"养老难"结构性矛盾。相对而言，大城市闲置场所和富余土地更加紧张，可用于养老服务发展的空间和资源有限。各类与老年人需求脱节的服务机构和服务形式过度发展并形成不良路径依赖，会对潜在有效供给服务形成挤出效应，使养老服务结构性短缺矛盾加剧，大城市有效养老服务"一床难求"问题雪上加霜。

三是拉低经营者和潜在投资者积极性。空置床位在不能创造营收的同时，虚耗管理和维护成本，增加了企业经营者财务压力和市场不确定预期，对潜在投资意愿形成了一定负面影响。"十三五"以来，我国养老床位绝对值虽然保持小幅增长，但增幅有所回落，其中既有养老床位提质调整的原因，也与市场投资放缓有一定关联。

2.养老资源分布不平衡

一是城乡间服务资源不均衡。农村社区居家养老服务设施建设滞后。中西部地区农村服务设施总量明显偏少、覆盖率偏低的现象依然存在。在农村服务设施中，有相当比例的互助养老服务基础设施简单、落后，服务水平依然停留在自助、互助服务基础阶段，服务内容仅包括吃、住等基本项目，对康复护理、精神慰藉等高层次服务内容普遍没有涉及，服务质量低下。即使对于新规划建设的农村专门社区养老服务设施，普遍以行政村为中心设置，甚至“多村一社区”布点，服务半径过大，辖区内社会化服务力量缺位，社区组织发展滞后，也尚未形成成熟的社区居家养老服务供给机制，更无法对农村居家老年人建立有效的服务递送机制，社区依托作用无从谈起。

二是城市内部养老服务发展不平衡。总体来看，养老服务发展呈现出“城先于乡”的特征，但就城市内部而言，发展水平也并不平衡。新建小区一般都能够按规定移交社区公共服务场地，配建养老服务设施相对全面系统，老年居民有条件在社区养老服务设施中集中开展活动，一些运营良好的平台也能够为居家老年人提供一定质量的助餐、助洁、助医服务支持。而城市老旧小区、棚户小区普遍存在服务场地狭小、服务设施单一问题，甚至部分小区服务面积尚未达标。且老旧小区内部无障碍设施建设不完善，为老年人集中活动和接受服务带来不便。这些都造成老旧小区与新建小区服务质量差距拉大，老旧小区居民难以获得较高质量的社区居家养老服务供给。

3.居家社区养老服务照护功能发挥仍不充分

一是服务供给有梗阻。城乡社区居家养老服务能力供给赶不上平台建设速度，大量服务设施、场地仅能提供简单的日间照料服务项目，社区内服务力量缺少整合，一方面服务需求旺盛，另一方面资源闲置或者重复配置。医疗和养老服务结合度不够，社区卫生服务中心与社区养老服务机构“各自为政”，在社区卫生服务机构业务量明显不饱和的同时，社区养老服务平台不能得到社区医疗的专业支持，重复内设医疗病床现象普遍存在。

二是服务内容有明显缺项。当前，我国高龄老年人、失能老年人人数持续攀升。对该群体开展生活照护和医疗护理日渐迫切，也是养老服务体系安排所不可或缺的服务内容。然而，受服务市场发展不健全制约，再加上医疗卫生机构缺少与养老服务结合意愿，社区居家服务依然以餐饮、娱乐、简单基础护理为主，尚不能满足高龄、失能老年人所需要的生活陪护、慢性病管理等服务需求。

三是服务递送有缺环。按照养老服务体系制度设计，社区养老服务机构应该成为居家养老的支持中心，把专业化服务项目和指导向有需要的家庭延伸。但在实际实施中，居家服务与社区服务之间存在结构性“碎片化”现象，相互之间缺少衔接通道，对于社区服务向家庭递送也缺乏制度化引导和相应的资金、项目等保障支持，使居家服务整体仍处于自发、无序的低水平阶段，多层次养老服务体系功能未能得到充分发挥。

四是服务自身“造血”功能不足。社区自有财力匮乏，无余力拓展提供高质量社区居家养老服务。社区经费来源渠道单一，且自筹资金能力普遍不强，特别是在没有物业费收入的老旧小区，社区对财政资金形成了完全依赖。除日常办公经费、社区活动经费外，可用于支持养老服务的资金少之又少。同时，社区承接的服务管理事项“有增无减”，基层负担过重，大量工作时间被下派任务挤占，影响了既有项目、资金利用管理的绩效。

4. 要素充分保障仍有障碍

一是养老机构“拿地”还有困难。《关于加快发展养老服务业的若干意见》明确提出要制定支持养老服务业发展的土地政策，并对各类养老机构的土地保障作出了专门规定。但从政策实践来看，各地养老服务业发展的土地瓶颈问题并未得到切实缓解。老年人行动不便、体质较差，对于医疗、文化体育等公共服务设施依赖度高，且对居住环境比较敏感，这就要求养老机构必须布局在交通便利、社区发展相对成熟且周边环境宜居的地块。由于非营利社会福利机构用地规划不足，各地主要城市建成区土地供给趋于饱和，使得养老机构“拿地”普遍面临困难。各地在土地划拨方面优先照顾公办养老机构，使得民办非营利性养老机构往往选择招拍挂或者土地租赁方式，这样的高成本使一般经营者难以承受，无形中提高了养老服务业的准入门槛。且土地租赁存在周期限制，制约了养老机构经营者扩大经营规模、改善经营环境的投资意愿。

二是融资渠道仍不顺畅。从产业发展周期来看，我国养老服务业尽管蕴含着巨大的市场潜力，但整体还处于市场培育环节，老年人普遍接受机构养老、异地养老、养生养老等养老服务消费理念还需要一个过程，再加上长期护理保险等保障政策的缺失，制约了老年群体的养老消费能力。受此影响，养老服务业投资周期长，投资回报见效慢。由于养老服务项目盈利能力不强，且划拨、租赁方式获得的土地不允许进行抵押质押，因此商业性融资面临一些困难。部分养老机构经营者不得不通过小额贷款、过桥贷款等方式融资，使得融资成本升高，加大了养老机构的运行经营压力。

二、关联保障支撑：基本医疗保险制度

全民医疗保障（以下简称全民医保）制度是我国基础民生制度安排，也是长期照护保障体系建设的外延性制度。一方面，现阶段各试点城市长期护理保险与基本医疗保险仍然有一体筹资、

一体经办特征。另一方面，从失能老年人所需照护服务项目和服务内容来看，医疗卫生服务是医疗照护的主要构成，而医疗保障质量和保障边界，与长期照护保障的范围和对象有着明确的联动，医疗保障制度是长期照护保障的重要关联民生安排。"十三五"以来，我国全民医保体系进入了高质量发展的新阶段，制度公平性明显提升，保障和改善民生能力不断增强。

（一）全民医保体系的改革进展

1.参保覆盖方面，从全民覆盖向公平覆盖转变

在"十二五"时期，我国已实现全民医保的人群全覆盖目标。截至2023年底，基本医疗保险制度覆盖超过13亿人，参保（参合）率长期稳定在95%以上（表5-2）。但制度存在明显的城乡二元结构分化，人群间保障权益不平衡问题突出，农村居民的实际报销比例、药品耗材目录和就医便利性与城镇居民差距明显。即使在已经开展城乡居民医疗保险整合的地区，也一度广泛存在"一制两档"的现象。

表5-2　我国"全民医保"体系制度结构

基本制度	职工医保	居民医保
参保对象	用人单位职工，无雇工的个体工商户、未在用人单位参加职工医保的非全日制从业人员以及其他灵活就业人员	覆盖除职工医保应参保人员或按规定享有其他保障的人员以外的全体城乡居民
筹资来源	参保职工和用人单位缴费	财政补助和居民个人缴费
筹资标准	单位费率为职工工资总额的6%左右；个人费率为本人工资收入的2%	2024年国家筹资标准为1070元/（人·年），其中财政补助标准为670元/（人·年），个人缴费标准为400元/（人·年）
待遇结构	统筹待遇+个人账户	统筹待遇为主

续表

基本制度		职工医保	居民医保
待遇标准	住院医疗	·起付线：原则上不高于统筹地区年职工平均工资的10% ·封顶线：当地职工年平均工资的6倍左右 ·政策内总体支付比例：75%左右	·起付线：不高于统筹地区上年居民人均可支配收入的5% ·封顶线：当地居民人均可支配年收入的6倍左右 ·政策内总体支付比例：75%左右
	门诊医疗	·个人账户：用于个人及亲属个人自付费用 ·门诊共济：支付比例50%起步	支付比例不低于50%
补充制度		职工大额医疗费用补助、公务员医疗补助	城乡居民大病保险

资料来源：国家医疗保障待遇清单（2020年版）、《国务院办公厅关于建立健全职工基本医疗保险门诊共济保障机制的指导意见》。各统筹地区在此基础上有一定自行调整。

“十三五”以来，以基本医疗保障行政管理体制改革为契机，居民基本医疗保险制度筹资方式、筹资标准、报销比例、目录范围、定点机构管理等一系列政策先后统一，实现了城镇居民医保和原新农合两套制度真正的“二合一”，进一步提升城乡居民在“病有所医”和“医有所保”方面的保障能力。2019年，居民医保人均医疗费用达到1406元，同比增长18.8%，享受待遇达到21.7亿人次，同比增长了34.0%。

2.治理体系方面，从分散管理向集中统一管理转变

2018年5月，依据中共中央印发的《深化党和国家机构改革方案》，国家医疗保障局正式成立，成为我国全民医保体系的主管部门。国家医疗保障局整合了人社、卫生、发展改革、民政等部委的医保管理职能，实现更加集中统一的医保治理，行政管理权责也更加清晰明确，消除了原来部门分割下可能面临的行政掣肘和医保改革“多头化”困局，为进一步完善基本医保制度、提升全民医保保障水平、统筹推进“三医联动”提供了行政支撑。

医保治理体系的转变带来制度建设向纵深推进和改革的提速提效。2020年2月，《中共中央 国务院关于深化医疗保障制度改革的意见》正式印发，为我国“十四五”时期和中长期全民医保体系顶层设计提供了政策依据，明确了中国特色全民医保体系成熟发展“两步走”的总体路线图，并对待遇保障、筹资运行、医保支付等关键机制进行了科学、规范设计，职工医保个人账户改革等长期悬而未决的重大议题也正式“破题”。

3.保障能力方面，坚持“保基本”与“补短板”并重

一是坚持适度合理的报销比例。政策内报销比例是确定全民医保体系保障力度的纵向维度。根据2023年全国医疗保护事业发展统计公报，2023年我国职工医保住院费用目录内报销比例为84.6%，高于《“十三五”推进基本公共服务均等化规划》所提出80%的目标值4.6个百分点。横向比较来看，我国基本医保的报销比例在中高收入国家中位居前列，个人就医负担明显减轻，“看病贵”问题得到极大缓解，个人卫生支出占卫生总费用比例已由“十二五”初期的34.8%的持续降至2022年的27%。

二是加快把更多救急救命好药纳入医保支付范围。目录范围宽窄是决定全民医保体系有效保障水平的横向维度，目录范围越宽，目录内涵盖的服务和药品越丰富，制度保障的“含金量”越高。为降低重特大疾病医疗成本，更好化解居民家庭灾难性卫生支出风险，我国在参考国际经验基础上，由国家医疗保障局作为谈判方与原研药品企业进行谈判，以纳入基本医保目录为条件促进企业大幅下调药品价格。2018年17种抗癌谈判药平均降价56.7%，2019年新增70种谈判药平均降价60.7%，其中相当比

例的原研药品谈判价格不仅低于周边国家，甚至实现全球可比最低。目录内的西药和中成药数量从2017年的2535种增加到2024年的3088种。

4.“三医协同”方面，从被动支付向战略购买转变

随着全民医保体系筹资能力不断提升，到“十三五”初期，医保基金支付占医疗机构住院费用的60%以上，已经成为医院服务的最大购买方，对医疗卫生服务和药品耗材配置有效制衡能力不断增强，能够真正发挥影响医疗卫生体系各环节的战略性服务购买作用。

一是加快形成适应医疗服务特点的复合式支付方式。2017年6月，国务院办公厅印发《关于进一步深化基本医疗保险支付方式改革的指导意见》，要求针对医疗服务特点，分类推进支付方式改革。此后，以总额预算管理为基础，包括单病种付费、按床日付费、按人头付费的多元复合式医保支付方式逐步形成，按疾病诊断相关分组付费（DRGs）试点和按病种分值付费试点积极开展（表5-3）。医保支付方式在调节医疗卫生服务供给、引导医疗卫生资源配置方面的杠杆作用不断增强。

表5-3 全民医保体系的多元复合式支付方式

服务类型	适应服务特点	支付方式	主要内容
住院医疗	对诊疗方案和出入院标准比较明确、诊疗技术比较成熟的疾病	单病种付费	该病种病例诊疗服务“打包”付费
	诊断、治疗方式、资源消耗相对明确的危、急、重症	按疾病诊断分组/病种分值付费	根据疾病病情、治疗方法和资源消耗程度归并诊断分组，作为支付单元
	需要长期住院治疗且日均费用较稳定的疾病	按床日付费	核定床日支付标准，按报销比例支付

续表

服务类型	适应服务特点	支付方式	主要内容
门诊医疗	门诊统筹	按人头付费	统筹地区按参保人数核定基本医疗卫生服务包的基金支付标准，并按签约或服务人数支付给医疗机构
	日间手术、符合单病种付费适应条件疾病的中西医门诊	单病种付费	对于日间手术费用、病例门诊费用按照病例次"打包"付费

二是开展国家组织药品集中带量采购。集中带量采购采用国家组织、联盟采购、平台操作的办法，按照年医疗机构总用量的60%~70%作为医保采购总量，通过量价挂钩、以价换量和招采合一的方式形成药品集中采购价格并保证使用。这一机制依托基本医保制度战略购买者的定位，以医保支付为杠杆，在确保供方服务质量的前提下，大幅压减了药品中间成本。数据显示，第一批集中带量采购"4+7"试点、"4+7"试点扩围和第二批扩展到全国25个省市的集中带量采购的中标药品，价格降幅分别达52%、59%和53%，中标药品直接降价和带动的替代效应累计节约医保资金344亿元以上。

（二）医保制度面临的外部风险和结构性压力

1.人口老龄化使医保支付面临激增压力

人口老龄化成为我国经济社会发展的基本国情，也是基本医疗保险费用控制的最大约束。"十四五"时期，新中国成立后第二次生育高峰出生人口步入老龄化行列，人口老龄化进入不可逆转的提速期。随着人口老龄化进程加快，退休参保人员增加，在职参保人员占比下降，参保结构变化带来医保制度筹资能力的退化和基金支付压力大幅增加。

从筹资结构来看，由于制度主体采用随收即付的财务平衡方式，财务稳健性对制度内的赡养结构非常敏感。我国职工医保参保人员在职退休比已经由2012年的3.00降至2023年的2.71，如剔除普遍按照“低费率、保当期、保大病、不建个人账户”方式参保的农民工群体，实际在职退休比将进一步下降。考虑到我国医保制度已经基本没有“扩面”空间，参保结构的持续性老化对于制度筹资的压力将会在未来一段时期逐步显现。

从基金支付来看，退休参保人员平均医疗费用支出明显高于在职参保人员，人口老龄化带来医保制度的支出责任压力会以几何级数方式增加。2019年职工医保退休参保人员人均医疗机构支出8108.05元；在职参保人员人均同口径支出2030.22元，退休与在职参保人员支出比逼近4。同时，医保个人账户划拨比例方面采用随年龄累进的方式，退休人员不缴纳费用并划入更高比例的个人账户，进一步加剧了医保制度“食之者众，生之者寡”的财务压力。2023年，我国职工医保基金支出增长快于收入增长6.1个百分点，居民医保基金支出快于收入增长7.5个百分点，医保制度支快于收的趋势已非常明显。随着参保年龄结构的持续老化和支出刚性压力的提升，“十二五”和“十三五”时期全民医保扩面、城乡统筹并轨形成的筹资红利积累逐步消耗，使医保制度面临更加严峻的财务压力。

2. 医保制度面临筹资和待遇支出刚性的双重挤压

从筹资端看，近年来受宏观经济增长结构性减速、税制改革和减费降税政策性减收等因素影响，中央和地方财政收入压力明显加大，财政收入增长已从“十三五”初期开始逐步放缓，而财政支出增长保持相对高位水平，支出的提速和收入的“慢增长”使财政运行处于“紧平衡”状态，对于民生福利支出的增量投入受到一定挤压，也会使医保基金稳定筹资面临一定压力。

从待遇支出端看，基本医疗保险坚持“保基本”的原则，但由于医疗服务的复杂性和个性化特征，对“基本”如何定义长期以来难以形成共识。近年来各种新技术、新药品进入我国更加便利，使人民群众对“病有所医”到“病有优医”有着更高的期待，医保责任“无限化”和福利攀比现象使医保制度稳健运行面临一定的不确定因素。

3.医保制度统筹发展有待于进一步破题

一是基本医疗保险制度城乡统筹发展路径还需清晰。一方面，完全统一城乡居民医保制度将导致原新农合对象支出大幅提升。目前，我国已经全面实现城乡基本医疗保险制度的整合，但由于原城镇居民医保人均筹资总体高于新农合，在制度完全整合后，统一目录、定点服务机构等“六统一”方面带来的福利推高效应会明显显现。另一方面，职工医保缴费随职工收入增长动态调整，居民医保缴费采用行政指令式调增，可能导致两套基本医保制度参保人员之间的筹资能力、支付能力和待遇调整能力的差距逐年扩大，并分别形成各自固化的路径依赖，为把各类参保人员公平纳入统一的基本医疗保险制度增加了困难。

二是地区间待遇清单“拉平”面临一定难度。建立科学规范的待遇清单，是实现明确医保制度“保基本”责任和负担边界的前提。由于经济社会发展水平、制度发展路径和地方疾病谱差异，经济发达地区和医保基金收支结余较多地区总体目录更宽泛，使用原研药品更多的民族地区会更多向民族医药倾斜。如国家统一制定国家基本医疗保险药品目录，考虑到地方医保实际支付能力，全国目录会更多“就低不就高”，导致相当比例的统筹地区医疗目录内药品品种减少，部分价格较高的品种和民族地区“小众”品种也面临被剔出目录的压力，使参保对象的实际就医用药选择受限。部分病患群体可能面临“救命药”出目录的局面，不仅形成了福利“减法”效应，还容易成为社会稳定风险的导火索。

4.三医协同治理有待更加完善

一是医疗价格形成机制改革滞后影响支付方式落地效率。医保支付方式有效发挥激励和约束作用的前提，是支付标准能够科学合理反映成本，而服务价格是支付标准的重要参照。但长期以来，我国医疗卫生价格调整机制未能有效建立，导致价格信号失真，已经不能体现医疗卫生服务的必要人力和其他资源投入，使医保支付标准的确定缺少可依据的参照，严重影响支付方式改革效率。

二是医保总额预算与医疗卫生服务数量和质量提升之间的矛盾逐渐暴露。医保总额预算规模和年增幅与公立医院年费用增长不超过10%的“一刀切”政策对医疗机构形成了双重约束，导致医院在费用管理方面的依据不清晰，并使一部分仍处于扩张期的机构面临相对不利的发展条件。在实际操作中，一些医院缺少“成本-质量管理”意识，医院与科室间甚至存在“信息孤岛”问题，机械地按照人头、床头、天数分解总额预算指标，不仅使一线医生在临床上有“卡脖子”的感觉，也带来财务期末拒接医保病人、人为规定住院结算期等不合理现象，导致总额预算管理优化医院费用控制和改善服务质量的功能不能正常发挥。

三是支付方式改革出现“多头化”趋势。各地在试点按疾病诊断分组付费支付方式改革过程中，选择不同的技术路径形成了多套并行的分组器，在费用核算环节也有多种方式，有的由诊断分组对应支付标准，也有的由诊断分组对应点数，进而对点数进行二次赋值。分组器确定方式各有差异，点数、分值赋值也因地而异。技术层面的标准不统一不仅影响基金支付管理，还联动着影响机构的基础信息系统搭建和支付软件设计，对未来如何进一步衔接和相应支付管理技术推广带来难题。

三、个人筹资支撑：多层次养老保险体系

从主要国家实践来看，长期照护保障的发展既取决于公共保障体系的建设，也与老年人及其家庭的购买能力密切相关。老年人的主要经济来源是养老金，因此“老有所养”的经济保障同样也是长期照护保障的个人筹资支撑。近年来，我国多层次养老保险体系改革向纵深推进，基本制度逐渐成熟定型，多层次体系架构初步显现。

（一）多层次养老保险体系的改革进展

1.职工养老保险“双轨制”全面破除

2015年1月，国务院颁布了《关于机关事业单位工作人员养老保险制度改革的决定》，改革机关事业单位工作人员的退休制度，与企业职工统一实行社会统筹与个人账户相结合的职工养老保险制度。以机关事业单位工作人员身份参加职工基本养老保险的，单位费率为单位工资总额的20%，个人费率为缴费工资的8%，按照国家统一规定的记账利率计算利息。在待遇调整上，纳入国家统一的待遇调整政策。但机关事业单位工作人员参加的职工基本养老保险，在基金管理上与企业职工基本养老保险仍然是相互独立的，基金单独建账，实施省级统筹管理。基金管理的独立性也影响了制度的转移接续便利。机关事业单位工作人员在同一统筹地区内部机关事业单位流动的，可以只转移养老保险关系，但如果跨统筹地区流动，或者统筹地区内从机关事业单位向企业流动的，需转移基金，

接续的时效性和便捷程度远不及企业职工。

在推进机关事业单位养老保险改革的同时，由于统账结合新制度的目标替代率约为60%，与原来的退休制度有明显替代率差距，需要通过补充保障安排进行待遇“补差”。国务院在颁布《关于机关事业单位工作人员养老保险制度改革的决定》的同时，同步建立了职业年金制度。2015年3月，国务院办公厅印发《机关事业单位职业年金办法》。职业年金采用个人账户制度，单位和个人缴费形成基金，进行市场化投资以实现基金的保值增值，在机关事业单位工作人员退休时，依据其个人账户职业年金积累情况领取职业年金待遇。

职业年金制度设计较大程度上参照了企业年金，但作为后发政策，在制度设计上较企业年金更加规范，缴费供款等方面的统一性更强，也充分考虑了企业单位与机关事业单位在单位特征和财务管理方面的差异。一是为强制性制度安排，所有参加养老保险改革的机关事业单位及工作人员，须参加职业年金计划并缴费。二是明确固定的缴费比例，单位缴费比例为本单位工资总额的8%，个人缴费比例为职工缴费工资的4%。三是采用“虚实”结合的账户管理办法，对财政全额供款的单位，单位缴费根据单位提供的信息采取记账方式，事实上是虚账管理，利率水平依照国家公布记账利率确定利息。对于非财政供款单位，单位缴费实行实账积累，利率水平由基金投资收益确定。此外，职业年金制度为企业年金规范发展提供了先期实践，企业年金在供款比例、待遇领取方式方面的规定被2017年出台的《企业年金办法》所继承。近年来，我国职业年金市场花投资运营工作稳步推进。2021年末，职业年金基金投资运营规模1.79万亿元，当年投资收益额932亿元，养老第二支柱实现大幅扩面。[1]

2.企业职工养老保险全国统筹改革正式启动

2011年颁行的《中华人民共和国社会保险法》，就提出了“基本养老保险基金逐步实行全国统筹”。但由于省级统筹并未完全做实，大部分省份仅处于省级调剂状态，采取省级统一核算、省和地（市）两级调剂，结余基金由省级授权地（市）、县管理的方式运行，尚未实现省内的基金统收统支统管，直接推进全国统筹的基础条件并不具备，改革需循序渐进。2018年6月，国务院印发《关于建立企业职工基本养老保险基金中央调剂制度的通知》，养老保险全国统筹迈出了第一步。

中央调剂制度是一个“1+N”的改革安排，在明确中央调剂金的筹集、支付和管理办法的同时，对完善省级统筹机制、强化基金预算管理等方面进行了规范。特别是提出了做实省级统筹制度，要求在统一基本养老保险制度、缴费政策、待遇政策、基金使用、基金预算和经办管理的基础上，推进养老保险基金统收统支工作，并建立地方各级政府养老保险基金缺口责任分担机制。此后，各地纷纷启动了省级统筹“六统一”的工作，统一的社会保险经办平台也在推进建设，全国统筹制度基础、管理基础进一步成熟。而中央调剂金提取比例也不断提高，到2020年，调剂金提取比例提高到了4%，总体调剂金为7400亿元，跨省调剂达到了1700多亿元。制度已开始具备全国统筹的功能。在中央调剂制度有效运行的基础上，

[1] 在我国养老保险制度安排下，养老第一支柱为基本养老保险，包括职工基本养老保险和城乡居民基本养老保险；第二支柱为企业/职业年金；第三支柱为个人养老金。养老多支柱模型是国际上普遍采用的养老金制度模式，旨在应对人口老龄化带来的财务平衡问题。该模型由世界银行在1994年提出，核心是通过多个模式的不同养老金支柱来应对单一制度内人口老龄化带来的问题。

我国于2022年正式启动了养老保险全国统筹，预算调剂资金规模进一步提高至2175.88亿元，困难地区的养老金发放更有保障。

3. 企业年金逐步定型发展

2017年12月，人力资源社会保障部和财政部联合印发了《企业年金办法》，标志着企业年金基本制度更加规范、完善发展。与原来政策相比，《企业年金办法》着重解决了制度中权益归属、权益分配的“漏洞”，并完善了筹资和待遇支付政策，提高了年金制度的普惠性，强化了保障功能。

在权益归属方面，根据缴费来源确定权益归属方式。明确个人缴费及其投资收益属于职工个人，企业缴费及其投资收益可以通过企业与职工约定的方式直接归属职工个人，也可以按照职工工作年限逐步归属职工个人，从而更好保护了职工利益，也更充分体现了年金制度的人力资源管理激励性。

在权益分配方面，之前各项办法均未明确企业缴费如何分配计入，出现了职工权益“少计”，高管权益“多计”的情况，使年金制度成为少数高管福利，普惠性体现不足。为此，《企业年金办法》合理确定了当期缴费计入职工个人账户的最高额与平均额差距不得超过5倍。同时，明确了年金企业账户部分的资金最终仍需按照分配比例计入个人账户，通过“限高”和“限分”政策更好保障了大多数职工权益。

在筹资和待遇支付方面，完善了筹资比例和结构，改变了原来制度“十二分之一”“六分之一”等不好操作的比例，调整为企业缴费不超过企业职工工资总额的8%，合计缴费不超过企业职工工资总额的12%，更加强调了企业责任。同时，优化了待遇支付方式，既允许年金按月、分次或一次性领取，也允许年金资金全部或部分购买配置商业养老保险产品，从而强化了年金对长寿风险的管理，具备打通第二、第三支柱的可能。

《企业年金办法》的出台，助力了年金制度建设的积极推进。截至2021年末，全国已有11.75万户企业建立企业年金，参加职工2875万人，年末企业年金投资运营规模为2.61万亿元，制度已成规模，但与职工基本养老保险相比覆盖面仍不广泛，且年金计划更多集中于少数大企业，推进制度扩面仍需进一步努力。

4.个人养老金"中国方案"出台

在大量的理论准备与实践试点基础上，2021年12月17日，中央全面深化改革委员会第二十三次会议审议通过《关于推动个人养老金发展的意见》。会议提出，发展多层次、多支柱养老保险体系，是积极应对人口老龄化、实现养老保险制度可持续发展的重要举措。要完善制度设计，合理划分国家、单位和个人的养老责任，为个人积累养老金提供制度保障。

2022年4月，国务院办公厅印发了《关于推动个人养老金发展的意见》，确定了个人养老金的制度模式，养老第三支柱的"中国方案"正式推出。个人养老金实行个人账户制度，缴费完全由参加人个人承担，实行完全积累。参加人通过人力资源社会保障部搭建的个人养老金信息管理服务平台，建立个人养老金账户，并享受税收优惠政策。

在缴费规模方面，参加人每年缴纳个人养老金的上限为12000元，并以这一供款规模享受税收优惠政策。通过合理确定缴费水平，从而既兼顾中等收入群体的普遍覆盖性，又避免高收入群体以此为通道避税，控制这一制度对收入再分配的影响，实现了效率与普惠的平衡。

在制度运行方面，坚持以"账户制"为基础，账户资金可用于购买符合规定的银行理财、储蓄存款、商业性养老保险、公募基金等运作安全、成熟稳定、标的规范、侧重长期保值的养老金融产品，并由参加人自主选择。个人养老金的“账户”包含双重含义，一是在个人养老金管理服务平台建立的个人养老金账户，侧重后台信息归集，记录参加人的缴费管理、投资配置、领取管理信息情况，并以此为依据享受税收政策和领取待遇；二是在商业银行机构指定或者开立的资金账户，承担参加人的缴费、投资行为等前端服务功能。养老金账户与资金账户是唯一对应、相互校验的，共同为个人养老金保障功能实现提供基础支撑。

我国个人养老金制度的顶层设计办法已经出台，但在具体落地上仍需要一系列配套政策，包括税收优惠政策实施的具体办法，特别是领取阶段征税比例及税率；个人养老金资金账户的管理办法，在资金封闭条件下兼顾资产配置的自主性；个人养老金投资合规金融产品的管理办法。在相关政策更加明晰、合规产品指导全面出台的情况下，个人养老金保障功能才能得到有序发挥。

（二）多层次养老保险体系的改革成效与存在的问题

1. 改革成效

一是基本养老保险制度迈向人群全覆盖。我国已启动全民参保计划，不断扩大基本养老保险覆盖范围，使养老保险体系由“制度全覆盖”迈向“人群全覆盖”。截至2023年底，我国城镇职工基本养老保险参保人数达到52121万人，城乡居民养老保险参保人数达到54522万人，参保率稳定在90%以上，我国已经织就了全世界最大的基本保障网络。

二是基本养老保险制度迈向定型发展。2015年以来，我国启动了养老保险顶层设计改革，着力解决制度发展中长期“悬而未决”的结构性梗阻问题，推进机关事业单位养老保险并轨，划转国有资本充实社保基金，开展养老基金市场化投资运营，实施养老保险中央调剂制度，推进全国统筹改革。一系列重大改革的实施，使养老保险统筹层次偏低、制度结构"碎片化"等长期制约制度公平可持续发展的问题得到了根本解决，职工养老保险制度的有效保障能力和抗风险能力进一步增强，制度规定也基本统一，主体制度已经逐步定型并成熟发展。

三是养老保险制度迈向多层次、多支柱发展。我国养老保险制度层次不均衡问题突出，基本养老保险"一家独大"，既增加了主体制度的长期风险，也使政府财政面临连带责任压力，发展多层次、多支柱养老金体系已成为改革必由之路。在推进机关事业单位养老保险改革的同时，我国同步建立了职业年金制度，已实现法定人员全覆盖。同时，自2018年以来积极探索个人养老金制度，养老第三支柱制度框架已初步明确。

2.存在的问题

一是参保和缴费依然"不实"。根据《中华人民共和国社会保险法》的规定，有用人单位的企业职工都是职工养老保险制度的法定参保人，无论其职业、身份和户籍，无雇工的个体工商户、未在用人单位参加基本养老保险的非全日制从业人员以及其他灵活就业人员也可以参加基本养老保险。但在实践中，短期用工、临时用工、灵活就业人员、新就业形态劳动者为降低参保成本参加居民养老保险情况多发，仍有部分劳动者处于"应参未参"的状态。同时，缴费义务未能充分履行。众合云科信息技术集团有限公司发布的《中国企业社保白皮书2022》调研数据显示，受疫情等因素影响，企业在社保缴纳义务履行方面持续处于波动状态。2022年调研企业中，社保基数少报漏报现象普遍，仅有28.4%的企业能够按法定基数缴费。参保全面性约束不足，21.2%的企业未全面为职工参保“五险”。参保及时性弱化，超过1/3的企业不能为职工在建立劳动关系后立即参保。

二是关键参数设计不合理放大了制度风险。我国基本养老保险制度采用“统账结合”结构，其中个人账户部分更多发挥参保缴费激励作用，而基础养老金[1]更多承担了老年收入再分配功能，使中低收入老年人的养老金回报率明显高于高收入群体，从而缩小了在职期间的收入分配差距。但近年来，个人账户记账利率确定机制不够合理，记账利率往往高于同期银行定期存款基准利率2~6个百分点（表5-4），记账水平明显虚高，不仅偏离制度政策运行需要，放大了财务可持续风险，而且造成了养老金计算公式的不合理。在待遇门槛上，存在松弛与脱节并存的现象。养老保险最低缴费年限标准仅为15年，导致参保激励松弛。各地医疗保险退休待遇所需最低缴费年限从15年至30年不等，政策规定不一严重影响了参保人员的正常流动。

表5-4　我国养老保险个人账户记账利率与银行定期存款基准利率的偏差

单位：%

年份	1年期存款基准利率	养老金个人账户记账利率	利率差
2015	3.26	3.26	0
2016	1.75	8.31	6.56
2017	1.75	7.12	5.37
2018	1.75	8.29	6.54
2019	1.75	7.61	5.86
2020	1.75	6.04	4.29

[1]　基本养老金由统筹养老金和个人账户养老金组成，统筹养老金主要为基础养老金。

续表

年份	1年期存款基准利率	养老金个人账户记账利率	利率差
2021	1.75	6.69	4.94
2022	1.75	6.12	4.37
2023	1.75	3.97	2.22

三是多层次结构不均衡问题未根本扭转。在第二支柱方面，按照目前增速套算，到2035年企业年金制度覆盖人数也仅相当于目前企业职工养老保险参保人员的12.4%，养老保险依然"一支独大"、结构失衡。在第三支柱方面，截至2023年6月，个人养老金账户开立人数4030万人，但由于产品吸引力不足等原因，实际缴存人数不足开户人数的1/3，人均储蓄水平仅相当于政策规定缴存上限的1/6，按目前缴存情况推算，仅能为参保人员提供3%左右的替代率，保障效果远不及预期。

第六章

我国长期照护保障主体制度的方案选择

一、长期护理保险制度下的模式选择：强制性社会保险还是商业互助保险

长期护理保险制度作为我国多层次长期照护保障体系的主体模式，在制度方案逐渐成熟的过程中，进行了较多的探索，既有社会保险制度框架下不同模式的选择与构建；也有是采用强制性政府举办的社会保险制度，还是采用政府主导、互助保险模式构建的多种尝试。在最初开展长期护理保险制度试点中，部分地方提出了将互助保险作为护理保险制度基础方案的探讨。互助保险是指具有同质风险保障需求的单位或个人，通过订立合同成为会员，并缴纳保费形成互助基金，由该基金对合同约定的事故发生所造成的损失承担赔偿责任，或者当被保险人死亡、伤残、疾病或者达到合同约定的年龄、期限等条件时承担给付保险金责任的保险活动。与普通商业保险产品相比，互助保险产品在参保范围上具有封闭性，局限于特定群体参保，在产品设计上突出共济性，强调对共性财务损失风险的分担与保障。北京市海淀区率先进行了互助保险模式的试点，从效果看，未能实现有效的保障目标，社会保险仍应作为未来多层次长期照护保障体系的主体模式加以应用。

（一）长期护理互助保险模式的政策实践：北京市海淀区案例

在2016年人力资源社会保障部办公厅印发《关于开展长期护理保险制度试点的指导意见》后，除15个国家试点城市外，部分地方自行启动了长期护理保险试点工作，形成了各具特色的长期护理保险政策架构。其中，北京市海淀区、成都市武侯区采用互助保

险方式组织，强调政府、市场、社会多方主体合作，面向居家老年人倾斜，具有明显的地方先行试点特色，形成了与其他试点政策结构分野明显的长期护理互助保险模式。

2016年8月，北京市海淀区出台了《海淀区居家养老失能护理互助保险试点办法》，作为北京市长期护理保险制度试点的最先"试水"。海淀区作为基于互助保险机制搭建长期护理保障基础制度框架的先行先试地区，在筹资机制、覆盖范围、待遇支付、服务项目等制度特征方面，表现出了与其他采用社会长期护理保险模式试点地区的差异性。

1.筹资机制：统账结合模式，政府适度补助

根据《海淀区居家养老失能护理互助保险试点办法》相关规定，长期护理互助保险资金实行社会统筹与个人账户相结合的筹资结构，资金由个人缴费、政府补贴、照护服务机构缴纳互助基金组成。其中，政府补贴、照护服务机构互助基金记入统筹账户，个人缴费记入个人账户，形成所有权明晰的积累权益。

在筹资标准方面，暂按照1140元/（人·年）标准筹集资金，其中财政补贴比例为不同年龄段缴费额度的20%，由市、区财政按照1:1比例分担，农业户籍参保人员由镇财政按照120元/（人·年）提供补助，照护服务机构按照被服务人数以240元/（人·年）缴纳；个人缴费标准根据年龄和户籍分别确定。与其他试点地区不同，失能护理互助保险基金完全"隔绝于"基本医疗保险。基金独立核算，不与基本医疗保险或者其他社会保险资金混账使用管理。同时，建立了基金投资机制，失能护理互助保险承保机构可以按照规定对个人账户资金投资运营保值增值，以增强个人护理服务购买能力和整体基金长期抗风险能力。

2.覆盖范围：户籍自愿加入，兼顾稳定就业

海淀区失能护理互助保险参保对象兼顾户籍和稳定就业两个维度，包括海淀区年满18周岁居民和在海淀区稳定就业的北京市户籍人员。考虑到海淀区常住人口中有着较为庞大的高校大学生群体，特别规定了在校学生不纳入失能护理互助保险的参保覆盖范围。在参保方式上采用按照居民户为单位，但困难群体、残疾人可以以个人身份参保。同时，符合政策规定的参保对象的父母、配偶，常住但不具有北京市户籍，也可以随参保对象一同参保，但不享有市区级财政的补贴。由此可见，失能护理互助保险坚持自愿参保和属地参保原则，优先把户籍人员及其直系亲属纳入参保范围，同时给予部分非户籍常住人口必要参保通道。

3.待遇支付：分级评估需求，待遇联动失能

失能护理互助保险的目标是为居家老年人在丧失独立生活能力时提供基本照护服务，参保对象是否达到规定失能标准是申请享受待遇的基本条件，而失能评估也成为确定保障对象范围和保障边界的重要决定维度。在失能标准方式上，采用巴塞尔指数评定量表作为评估工具评价老年人的基本生活能力，如果老年人失去了吃饭、穿衣、睡觉、如厕四项基本生活能力其中一项，即被认定为轻度失能状态；如果失去了其中两项能力，被认定为中度失能；失去三项及以上的，被认定为重度失能。在待遇水平确定上，护理保障待遇与失能水平挂钩。其中重度失能老年人保障标准为1900元/月；中度失能老年人为1400元/月；轻度失能老年人为900元/月。此外，失能护理互助保险与基本医疗保险合作，参保人年满55周岁的，购买健康、慢病管理服务，失能护理互助保险基金按120元/（人·年）支付服务费用。

4.服务项目：分层确定标准，机构居家并行

在服务内容和提供方式上，失能护理互助保险坚持实物保障原则，即采用保险基金直接面向合规护理机构购买服务，在支持专业的居家、社区和机构照护服务基础上，针对我国家庭中普遍存在的家庭互助现象，在失能护理互助保险支付范围方面，同样包括对家庭互助和"喘息服务"[1]的补助（表6-1）。

表6-1　失能护理互助保险的保障内容

保障形式	居家照护	社区照护	机构照护	其他照护
具体内容	日常生活照顾服务、居家基本医疗护理、居家康复指导、辅具购买与租赁服务等	日间照料、社区康复护理	符合独居、孤寡的失能老年人在定点机构接受服务	亲情家庭互助服务、安宁关爱服务、精神安慰等

（二）长期护理互助保险制度的短板与运营风险：北京市海淀区案例的评估

1.公平性：广覆盖仍有待提升

根据相关规定，北京市海淀区作为长期护理保险试点的失能护理互助保险事实上覆盖了三类人员，第一类是海淀区户籍人员，第二类是在海淀区稳定就业的北京其他城区户籍人员，第三类是符合前两类参保资格的家庭常住直系亲属。横向比较其他地方试点来看，海淀模式在确保参保机会均等方面进行了十分积极的努力，参保门槛总体不高，并探索逐步把非户籍人员纳入长期护理保险覆盖范围，但与广覆盖和适应流动性的总体要求相比，该制度的不公平

[1]　"喘息服务"指政府通过购买服务的方式，或是请专业人员去家中照料，或是把老年人接到养老机构照看，既让家属喘口气，也让老年人康复得更好。

性依然明显。

一是把长期稳定居住和就业在海淀的非属地户籍人员排除在制度覆盖之外。由于市域内人口流动性大，行政区划已经不能成为判断企业归属的主要依据，特别是在北京市中心城区人口疏解背景下，大量企业转移至五环外相关产业园区办公，但企业注册地依然保留在原办公地，造成了企业注册地与职工就业地分离，使相当比例事实上在海淀稳定就业职工被排除在保障范围以外。对于在海淀灵活就业人员，或者在海淀居住的非户籍人口，也同样面临失能风险互助分担需求，但均不能获得参保资格。同时，利用市级财政对某一区域内参保人员进行精准补贴，也带来了北京市内各区县间新的不公平问题，有违市级公共财政统筹平衡各地区的初衷。

二是内部封闭运行不符合适应流动性的社保制度总体建设方向。根据政策规定，只有最低缴费满15年才能够享有失能护理互助保险的相关待遇，而参保资格又与海淀区稳定就业关联，使失能护理互助保险成为局部地区自我运行的“内部粮票”。既得权益不能在市域范围内便利携带，不利于劳动要素资源自由流动，参保人员在进行工作变更决策时候，需要考虑失能护理互助保险参保接续问题。由财政资金对属地企业员工福利提供补贴，也造成了区域间不合理的经济竞争。

2. 充足性：支付水平明显不足

与其他试点地区相比，北京市海淀区失能护理互助保险保障项目较为全面，既通过与基本医疗保险制度衔接，建立了健康管理和慢病管理购买机制，对医疗护理进行覆盖延伸；同时，又重点以实物形式提供居家老年人所需各项生活照料、护理康复、精神关怀等服务，在服务形式上不仅涵盖居家、社区和机构养老，也把家庭互助支持纳入保障范围。但是保障标准明显偏低，薄弱的支付水平难以独立支撑类别丰富的服务项目，对于失能老年人家庭经济责任分担非常有限。

一是对居家养老服务购买数量有限。根据相关制度设计，通过保障资金购买服务方式确保失能老年人获得居家养老服务。但由于在支付端采用直接面向社会服务商购买服务方式，且资金使用范围广泛、灵活度高，不能利用集体购买议价，造成了有限资金“撒胡椒面”现象。未能形成有效的医养结合通道，推动医疗卫生机构开展居家巡诊，造成失能护理互助保险只能为老年人提供有限次数的家政、助餐等基础服务，无法优先解决老年人迫切需要的医疗护理和专业照料服务问题。

二是对机构护理床位费用报销比例偏低。前期研究显示，北京市中等标准养老机构的护理床位费用约5000~6000元/月，扣除其中基础护理费用约3000元/月，即使按照重度失能护理补助标准，依然无法全额分担相关支出成本，报销比例仅为50%~60%，低于其他试点地区75%左右的机构护理报销比例。

3.可持续性：基金长期待遇兑付风险加大

可持续性不足，权益与资产积累不匹配，是美国商业性护理保障体系难以持续的主要原因。在我国试点的互助护理保险实践中，也同样暴露出长期财务风险敞口难以应对，基金可持续压力持续加大的问题。

由于在商业互助保险的政策设计下，参保人员死亡之后，剩余的个人账户权益可由家属继承，在基金筹资方面也严格落实按人头筹资的基本原则，因此该制度在风险分担和调剂方面功能相对有限，具有明显的风险自留特征，可以使用个体精算模型匡算该政策的缴费收入和基金支付责任，进而研判政策是否能够达到收支平衡、略有结余的基本目标。

但对于失能护理互助保险参保人员而言，个人统筹账户与个人账户收入为个人缴费、财政补助和机构互助资金三项之和，其中机构互助资金是在老年人失能签约期间给付。基于目前制度参数匡算可发现，在既定缴费标准和支付水平下，参保人员缴费时长是决定基金收支财务状况的核心因素，缴费时间越长，筹资与支付责任之间的现金价值缺口越小，当缴费满20年以后，个人筹资供款与终身保险支付责任才可以实现平衡（表6-2）。在目前自愿参保前提下，规定待遇享有最低缴费年限为15年，并允许不满15年参保人员趸交补缴，会使制度对少缴、短缴人群形成巨额的隐性“补贴”，形成长缴少得、短缴多得的不良预期，易使参保人员采取逆向选择行为，导致基金给付无法实现平衡，制度内蕴含着严峻的财务失衡风险。

表6-2　失能护理互助保险缴费现金价值与支付责任“缺口”情况

缴费年限/年	缴费现金价值/元	缴费与支付责任“缺口”/元	缴费年限/年	缴费现金价值/元	缴费与支付责任“缺口”/元
15	24599.6	−13443.5	23	43895.9	5852.9
16	26969.5	−11073.5	24	47230.7	9187.7
17	29458.0	−8585.0	25	50732.3	12689.2
18	32070.9	−5972.1	26	54408.9	16365.8
19	34814.5	−3228.6	27	58269.3	20226.3
20	37695.2	−347.9	28	62322.8	24279.8
21	40720.0	2676.9	29	66578.9	28535.9
22	43896.0	5852.9	30	71047.9	33004.8

4. 可负担性：筹资主体责任边界不清晰

从目前缴费水平来看，与其他试点城市相比，海淀区参保人员负担较重，其中城镇职工失能护理互助保险费率为0.99%。而其他试点城市按照个人负担金额与职工平均工资比例倒算，缴费率为0.15%~0.3%，表明海淀区失能护理互助保险费率是一般试点地区水平的3倍以上。以居民人均可支配收入为基数匡算，海淀区城镇户籍居民、农业户籍居民的总费率分别为1.36%和1.18%，年缴费额分别为912元和792元，高于其他试点城市年人均30~50元筹资水平20倍左右。对于以亲属身份参保的非北京市户籍人员，由于没有政府财政补贴资金，个人需全额缴费，总费率更加沉重。各类参保对象的负担水平见表6-3。

表6-3　各类参保对象的负担水平

参保人员	个人缴费/（元/年）	费率/%
城镇职工	912	0.99
城镇户籍居民	912	1.36
农业户籍居民	792	1.18
亲属参保人员（职工）	1140	1.23
亲属参保人员（居民）	1140	2.17

同时也要看到，海淀区确定了较宽的服务和保障范围，把轻度失能人员列入保障范围。但在服务成本快速攀升背景下，现有筹资水平无法持续实现制度的财务稳健，调整筹资水平将是制度的必然选择。然而，现有筹资标准采用了定额筹资法，筹资金额依据没有与收入等参保人员负担能力自动关联，筹资本身依据模糊，造成了基金筹资状况不会随着经济社会发展而自动改善。从城乡居民基本养老、基本医疗等保险政策来看，调整参保人员定额筹资标准会面临较大阻力和操作难度，最后往往发展为政府单一责任并形成财政补贴水平不断上涨的路径依赖，进而造成了失能护理互助保险缴费责任和权利关系不清晰，政府中长期面临严峻的基金补助负担压力。

（三）长期护理社会保险模式的政策实践：北京市石景山区案例

由于海淀区试点模式的政策规范性、强制性都尚未达到长期护理保险制度的设计目标，且与全国整体政策设计难以对接，2018年3月，北京市在石景山区启动了长期护理保险的二次试点工作，参照国内先行地区的政策经验，出台了《石景山区长期护理保险制度试点方案（试行）》，明确试点的目标为“可推广、可复制、可持续的互助共济的新的社会保险制度”。虽然最初试点仅覆盖八角、八宝山和鲁谷街道，但已明确北京市的试点模式由互助保险方案正式转型为社会保险方案。

2020年9月，北京市石景山区正式被纳入长期护理保险制度的第二批国家试点。同年11月，北京市按照“扩大试点、独立险种、低水平起步、责任共担”的思路，在石景山区扩大长期护理保险制度的局部试点，努力为解决超大城市高龄失能及重度残疾老年人照护难问题探索可复制、推广的地方经验。目前，已经初步形成了以全民覆盖、多元筹资、侧重居家、注重医养为特色的长护险“北京实践”，且制度具有非常清晰的社会保险特征，与海淀模式下互助保险自愿自主、自我筹资、商业运营的组织方式有着明显区别。

1.覆盖范围：按照社会保险“应参尽参”方式组织

石景山区长护险采用护理保险“跟随”基本医保的参保方式，在区内参加职工医保和居民医保的人员（不含学生、儿童）均纳入长护险覆盖范围，截至2022年底，覆盖人数达46.19万人，基本实现了政策内人员“应参尽参”。在保障对象方面，优先保障区内符合条件的重度失能老年人、重度残疾人，并考虑人口流动和北京市城市功能疏解要求，将居住在北京市其他区域以及河北省迁安市的石景山区户籍重度失能老年人也纳入保障范围，并建立了跨区、跨市的失能评估和服务提供机制。截至2021年11月，累计享受长护险待遇3035人，其中北京市内跨区123人，河北省迁安市175人。

2.筹资方式：形成了社会化的多元筹资机制

石景山区长护险采用定额筹资方式，筹资标准为180元/（人·年），由政府、用人单位和个人多方共担。其中，城镇职工参保人员由用人单位和职工本人各按50%比例共同缴费。在实际操作中，单位缴费部分由职工医保统筹基金划转，个人缴费部分由职工医保个人账户一次性代扣代缴，并未增加社保成本负担。城乡居民长期护理保险费则由政府和个人各担一半。由于北京市全市已经实现了全市医保基金的统收统支统管，因此长护险基金先汇集到市财政专户，再下拨给石景山区，并单独建账管理。

3.服务提供方式：明确了按比例支付和按标准支付

石景山区长护险形成了机构护理、机构上门护理、居家护理三类保障结构，既支付入住机构老年人的护理服务费用，也支付居住在家老年人的上门护理费用，用同时鼓励家庭照料者参与照护服务，注重保障居家老年人的照护服务需求。在支付比例标准方面，也向居家老年人进行了适当倾斜，提高了上门服务费用报销比例（表6–4）。

表6–4　北京市石景山区长护险服务支付情况

服务类别	服务形式	支付标准	支付比例
机构护理	在养老服务机构等各类定点协议管理的护理服务机构内接受护理	90元/日	基金支付70%，个人支付30%

续表

服务类别	服务形式	支付标准	支付比例
机构上门护理	护理服务机构安排护理人员上门护理	90元/时，每月支付上限为30小时	基金支付80%，个人支付20%
居家护理	家政护理员（或亲属）+护理服务机构上门	家政护理员（或亲属）服务为60元/时，每月支付上限为30小时；机构上门服务12小时，90元/时	家政护理员（或亲属）服务：基金支付70%，个人支付30%；机构上门服务：基金支付80%，个人支付20%

4.保障范围：形成了有效的目录管理机制

石景山长护险服务目录包括生活照料、治疗性照护服务、风险防范、功能维护等32项服务，其中生活照料项目13项，医疗护理项目12项，结构相对平衡，体现了制度兼顾医疗和养老的双重功能。在定点机构选择上，也以社区养老服务驿站和具备医养结合服务能力的嵌入式养老机构为主。

5.主体关系：形成了政府建制、商业经办的合作模式

长期护理保险作为一项全新的险种，职能管理部门缺少专业队伍，且大量经办事项需要与服务对象一对一、多对一跟进，事务性工作繁琐。为此，石景山区采取了“全流程经办模式”，定点机构遴选、签约、服务对象方案制定、基金支付和服务监管等主要管理服务事项，均交给专业保险机构负责，实现了制度管理和具体经办的清晰分离，极大地节约了行政成本。同时，政府部门对经办机构以及经办机构对服务机构进行事前、事中、事后监管，畅通老年人及其家庭的服务反馈和维权渠道，形成闭环管理，确保服务质量。在这一模式下，商业保险机构虽然深度嵌入了制度运行，但是仍作为经办主体参与，并不能直接决定制度关键设计和政策走向，从而在社会保险框架下划定了政府与市场的责任边界。

（四）长期护理社会保险应作为长期护理保险的主要模式：两个案例的启示

前期北京市海淀区在长期护理保险制度构建模式方面进行了有益尝试，形成了全国首个政府主导、商业互助保险供给、与社保衔接的长期护理保险模式。该模式通过引入商业保险，形成了个人、政府、运营机构和保险公司参与的风险分担机制，在如何更加积极调动市场、社会力量参与社保体系建设，如何合理确定政府、市场在兜住民生保障网方面的责任边界等重大问题上进行了探索创新，对于促进我国长期护理保险制度的构建与完善具有一定的政策参考价值。

但政策评估发现，由于商业保险内生"市场失灵"和互助保险要求的损失补偿分担与受益共享特征，海淀区失能护理互助保险模式在筹资方面难以持续，缴费水平总体偏高，且政府远期筹资责任不清晰，制度规范发展和稳定生存面临严峻困难和挑战，不宜作为我国长期护理保障制度的主要供给方式。后期北京市在石景山区进行了"二次试点"政策迭代也表明，完全以商业市场为基础的长期护理保险政策架构难以持续发展和有效运行，最终选择了社会保险模式作为试点的基础方案。但这一局部性政策"试验"和此后的变迁，仍为我们看待长期护理保险制度和多层次照护保障体系的构成以及供需耦合匹配提供了有益的启示。

1. 以社会保险制度为基础，构建覆盖全民的多层次长期护理保障体系

普遍性高龄失能风险的发生与人口老龄化进程相伴而生，是我国经济社会发展所面临的系统性风险挑战，市场机制难以对此进行承保。再加上医疗护理是护理服务的必要内容，与基本医疗保险服务支付方向具有一定同源性，依托基本医疗保险建立具有社会保险性质的长期护理保险制度可以获得稳定的筹资、可持续的风险分担，并在经办管理和费用支付方面也有一定的便利性。因此，应以基本医疗保险制度为基础，构建面向全体城乡居民的长期护理社会保险制度，在此基础上，鼓励有意愿的商业保险机构开发长期护理保险产品，与长期护理社会保险衔接互补、形成合力，构建并夯实多层次的护理保障体系，满足人民群众多样化、多层次的护理保障需求，并促进增加高质量护理服务资源供给，协同推动医疗卫生服务体系和养老服务体系改革。

2. 重视发挥商业保险机构技术优势，提高长期护理保险体系运行和保障效率

积极利用商业保险机构在风险核算、财务精算、风险管理、核保、理赔和数据管理等方面的技术和人员优势，鼓励和支持商业保险机构参与、承接长期护理保险的经办服务工作，在降低运行成本的同时，提升管理效率和服务质量。并带动商业保险机构形成更加贴合老年人需求、与社会护理保险衔接紧密有序的商业产品。

3. 不断完善长期护理保险制度框架，切实提升对高龄失能老年人的风险分担和兜底保障能力

扩大长期护理保险制度覆盖范围，在筹资可负担和支付可持续前提下，把城乡居民纳入长期护理保险保障对象，并统一待遇水平。建立强制个人缴费机制，拓宽筹资来源，合理确定不同层级财政补助责任。坚持医疗与养老相结合的保障范围，坚持机构护理与居家护理并重的服务支付路径。加强失能评估工具开发，协同基本医疗保险共同推进支付机制改革，做好制度精细化管理，提升运行效率。

4. 全面做好配套制度的改革和衔接，充分发挥长期护理保险制度的保障功能

全面推进城市公立医院综合改革，落实"两票制"[1]，严格执行药占比、耗材占比、公立医院总医疗费用平均增幅等约束性指标，遏制医疗费用过快上涨趋势，构筑费用控制的"防火墙"，防范医疗机构把护理院、护理床位作为费用转嫁通道。完善养老服务体系建设，优化养老服务资源配置，增加护理床位供给，支持引导更多服务力量下沉，提升居家社区护理服务能力。

二、长期护理保险制度的典型模式：基于制度结构视角

目前，长期护理保险制度虽然明确了独立险种的基本定位，但是在实施中，与医保制度高度依赖，医保制度与长期护理保险制度的关联是衡量制度定位的重要锚点。在覆盖范围上，长期护理保险是局限于职工群体，还是兼顾分类保障，同步覆盖职工与居民群体，也是制度选择的重要考量。因此，长期护理保险制度与医保制度的关系，是研判长期护理保险制度模式的核心关键，可以把各地长期护理保险的制度模式大致区分为"全民通道""全民板块""职工通道""职工板块"四种。很多城市兼具其中两至三种模式的特征，而同一制度模式下的各试点城市，在资金筹资来源和筹资方式、待遇支付等基本制度方面也会存在一定的不同。

---

[1] "两票制"是指药品从药厂卖到一级经销商开一次发票，经销商卖到医院再开一次发票，以"两票"替代目前常见的七票、八票，减少流通环节的层层盘剥，并且每个品种的一级经销商不超过2个。

（一）全民通道模式

全民通道模式主要特征包括参保对象覆盖全体、保障内容兼顾医养。这一模式的长期护理保险制度覆盖职工医保参保人员和符合条件的居民医保参保人员。所谓“通道”是指保障内容既包括失能人员的医疗护理，也包括失能人员在护理机构接受服务时候所需的基本生活照护项目。该模式下的长期护理保险不仅筹资来自医保基金，在待遇层面也主体嵌入医保，把部分原医疗服务项目和药品耗材支出转入长期护理保险当中，并支付医保对象必需的生活照料服务。长期护理保险虽然作为独立基金管理，但仍表现为医保的延伸。

全民通道模式的代表城市是青岛。根据2018年印发的《青岛市长期护理保险暂行办法》，青岛市长期护理保险制度覆盖对象包括职工医保参保人员和居民医保参保人员。在制度设计上，分别建立职工护理保险和居民护理保险两套财务相对独立的制度。其中职工护理保险筹资来源包括职工医保缴费基数总额的0.5%、个人缴费基数的0.2%（个人账户划转）、人均30元财政补助和一次性划转的结余基金。居民护理保险筹资按照不超过当年居民医保筹资总额的10%，从居民医保基金中划转。职工和居民分别建立财务运行机制基于两方面原因：一是青岛模式下长期护理保险制度深度依托基本医疗保险运行，而职工医保、居民医保在现阶段是相互独立的制度，为了参保对象间交叉补贴，要求形成两套独立的财务框架；二是现阶段职工、居民的筹资水平、保障标准还有明显差别，事实上制度不具备统一运行的财务可能和运行基础。

在保障内容方面，青岛市长期护理保险覆盖健康管理和维持性治疗、长期护理、生活照料、功能维护（康复训练）、安宁疗护、临终关怀、精神慰藉等基本照护服务，待遇领取人群包括失能人员和失智人员。考虑到长期失能人员和失智人员不仅需要医疗服务和基本生活照料，也需要一定的精神关怀，部分内容已经被纳入青岛市长期护理保险服务范围，具体包括心理疏导、临终关怀和精神慰藉，努力缓解护理对象面对疾病时的负面情绪，对失能老年人提供心理、精神支持，增加康复信心等。

失能人员护理包括专护、院护、巡护、家护四种方式，现阶段居民参保人员申请服务仅包括医疗护理服务，不包括上门的生活照料服务项目。失智人员护理包括长期照护、日间照护、短期照护三种方式。根据失能失智人员疾病特点、失能状况、照护需求确定失能失智人员享有的服务内容和方式。实施中因职工、居民参保对象的筹资和服务方式差异，形成了“两种制度、三种档次”的结构模式，其中职工参保者可以申请全部服务形式，居民中一档缴费成年居民、少年儿童和大学生，可以申请专护、院护、巡护和长期照护、短期照护，二档缴费成年居民仅能申请巡护。

青岛市作为我国较早探索长期护理保险的试点城市，把居家社区护理作为长期护理保障提供的重要方式。其中家护、巡护均是失能老年人在家居住，由专业照护服务机构采用上门服务或者巡诊照护方式提供服务，鼓励更多有条件的老年人居家养老。而面向失智老年人的日间照护，则采用失智老年人白天在专门机构日间托管，晚上回家居住的方式（表6–5）。

表6–5　青岛市长期护理保险待遇提供方式

适用群体	服务方式	服务地点	服务内容
失能人员	专护	护理机构	由开设医疗专护区的护理服务机构提供长期在院照护服务
	院护	护理机构	由开设医养院护区的护理服务机构提供长期在院照护服务

续表

适用群体	服务方式	服务地点	服务内容
失能人员	家护	家庭	由护理服务机构照护人员通过上门形式，提供长期居家照护服务
	巡护	家庭	由护理服务机构（含一体化管理村卫生室）照护人员通过上门形式，提供巡诊照护服务
失智人员	长期照护	护理机构	由开设失智专区的护理服务机构提供长期照护服务
	日间照护	护理机构（白天）	由开设失智专区的护理服务机构提供日间托管照护服务
	短期照护	护理机构	由开设失智专区的护理服务机构提供短期托管照护服务。短期托管时间原则上一个自然年度内累计不超过60天

在护理保险待遇支付方面，采用类似于住院医疗的支付和报销方式，即基金按床日支付，参保人员依据项目按比例报销。参保职工发生的符合规定的基本生活照料和与基本生活密切相关的医疗护理费用，报销比例为90%。参保居民发生的符合规定的医疗护理费用，一档缴费成年居民、少年儿童和大学生报销比例为80%，二档缴费成年居民报销比例为70%。

全民通道模式对于本地医疗卫生服务资源充沛程度有着较高要求，需要城乡均有大量具备专业护理能力的机构承接医疗护理服务，并且扩大社区卫生服务机构的自主性，开展上门服务。但是，我国农村地区医疗卫生服务能力相对薄弱，医养结合机构建设近乎空白，大部分地方社区卫生服务机构自主开展增值服务意愿不强，使全民通道模式在推广过程中具有一定局限性。

（二）全民板块模式

全民板块模式主要特征包括参保对象覆盖全体、保障内容以生活照料为主、少含或者不含医疗护理项目。这一模式的长期护理保险制度覆盖职工医保参保人员和符合条件的城乡居民医保参保人员。所谓"板块"是指在筹资层面长期护理保险采用多元筹资方式，在待遇保障层面，重点支持长期失能人员的生活照料费用，医疗护理服务支出通过基本医疗保险解决。该模式下的长期护理保险制度服务内容相对平行于医保目录，是对部分医保对象目录外服务的补充支付，制度结构整体相对独立，成为社保制度的又一"板块"。

全民板块模式的代表城市是南通。根据南通市政府代发的《关于建立基本照护保险制度的意见（试行）》，照护保险覆盖职工医保和居民医保的参保人员，并建立统一制度。筹资来源包括30元/（人·天）标准的个人缴费、30元/（人·天）标准的医保基金划转、40元/（人·天）标准的财政补助资金和部分福利彩票公益金。医保基金占照护保险基金筹资比例不足50%。

在保障内容方面，南通市基本照护保险重点支付清洁照料、睡眠照料、饮食照料、排泄照料、卧位与安全照料、病情观察、心理安慰、管道照护、康复照护及清洁消毒等项目，充分体现了生活照料为主的特征。同时明确，属于基本医疗保险、工伤保险、生育保险以及应由第三人依法承担的护理、康复及照护费用，照护保险基金不予支付。

在待遇领取人群和服务形式方面，覆盖中度、重度失能人员。其中重度失能人员可以申请医疗机构照护床位服务、养老机构照护床位服务和居家照护服务。这里医疗机构照护床位、养老机构照护床位服务的区别在于，照护机构是否是经过卫生管理部门审批、具备医疗卫生机构资质、有资格提供相应的医疗护理服务。

在待遇支付方面，板块模式也与医保制度有明显差异，采用了类似于养老服务的床日付费和打包付费方式，机构费用部分直接核减保障对象在机构每天的费用，不需要保障对象按比例进行服务项目报销。其中在医疗机构照护床位接受服务的，照护保险基金对重度失能人员按照70元/（人·天）标准支付给机构，重度失智人员再增加10元，中度失能人员按照30元/（人·天）标准支付给机构。在养老服务机构照护床位接受服务的，重度失能人员按照50元/（人·天）标准支付给机构，重度失智人员再增加10元，中度失能人员按照30元/（人·天）标准支付给机构。居家照护以13种必须服务项目为依据，组合形成了6种照护服务包套餐，支付价格为每月370~500元。

（三）职工通道模式

职工通道模式是指长期护理保险制度仅覆盖职工医保参保群体。在筹资方式上，依托医保基金，甚至不独立预算。保障内容方面以医疗护理为主，与板块模式相比，生活照护内容覆盖较少，制度更加明显表现出在医保框架下，作为医保保障延伸的特征。

广州市2017—2020年采用职工通道模式（此后采用全民通道模式）。根据《广州市长期护理保险试行办法》（2017年版）有关规定，广州市职工基本医疗保险参保人员同时参加长期护理保险，筹资按照130元/（人·年）标准从职工医保基金中划拨，列入职工医保基金收支预算。

广州市（2017—2020年）长期护理保险覆盖生活照料和医疗护理两方面服务，待遇领取对象覆盖中重度失能人员和因外伤、疾病需长期医疗护理人员，包括机构护理和居家护理两种形式，均提供生活照料和医疗服务项目。

在待遇支付方面也表现出比较明显的医养结合特征，其中生活照料费用采用按床日包干付费方式，机构护理参保人员的生活照料费用按不高于120元/（人·天）[含床位费，床位费不高于35元/（人·天）]的标准按比例支付；居家护理参保人员其基本生活照料费用按不高于115元/（人·天）的标准按比例支付。而医疗护理采用按项目付费方式，对经核定的医疗护理费用按项目及相应支付比例支付，最高支付限额为1000元/（人·月）。

（四）职工板块模式

职工板块模式是指长期护理保险制度仅覆盖职工医保参保群体。虽然在筹资方式上主体依托职工医保基金，采用多元筹资方式，但是在保障内容方面以长期失能人员的生活照料为主，各类医疗护理服务需要继续通过基本医疗保险报销解决。制度整体呈现出独立于职工医保的单独建制特征。

成都市2017—2020年采用职工板块模式（此后采用全民板块模式）。在覆盖对象上，成都市（2017—2020年）长期照护保险强制要求的参保对象包括各类企业、民办非企业、国家机关、事业单位等职工医保单位参保人员和个体工商户、自由职业者、灵活就业人员等个体参保人员，按照住院统筹方式参加职工医保的人员可自愿参保。

在筹资机制方面，成都市（2017—2020年）长期照护保险坚持四方筹资。一是单位缴费部分，按照缴费基数的0.2%从当期职工医保统筹基金中划转；二是个人缴费部分，按照个人账户的0.1%~0.2%从职工基本医保个人账户中直接划转。三是财政补助部分，按照参保退休人员总数，以退休人员医保个人账户划入基数为基数，按照每人每月0.1%的比例进行补助。四是医保结余中一次性拨付的5000万元启动资金。

在保障范围方面，成都市限定为为长期失能人员提供基本生活照料和与基本生活密切相关的日常护理，包括清洁照料、饮食照料、排泄照料等基本照护服务，事实上把医疗护理主要内容排除在外。

待遇标准既与失能人员失能等级相关，等级越高对应照护费用越高；同时也与其缴费年限密切相关，连续缴费满2年且累计缴费满15年，支付标准为机构照护核定照护费用的70%和居家照护核定费用的75%，累计缴费年限增加2年，支付比例提高1%，支付比例累计提高不超过100%。在支付方式上，也采取了类似于购买养老服务的按月打包付费方式。重度一级、二级、三级失能人员，由协议照护服务机构提供机构照护的，费用标准分别为1676元/（人·月）、1341元/（人·月）、1005元/（人·月）。由协议照护服务机构提供居家照护和个人服务人员提供居家照护服务的，三种级别失能人员费用标准分别为1796元/（人·月）、1437元/（人·月）、1077元/（人·月）。

第七章

需求侧视角下我国长期照护保障模式的可持续性

当前，构建长期照护保障体系是应对人口老龄化的政策“必选项”，但是评价政策的有效性，不仅要梳理政策的供给侧脉络，同时要研判政策的需求侧是否得到充分满足，本章将从需求侧规模入手，分析目前长期照护保障政策的主体制度在公平性、财务可持续性和长期保障有效性和政策协同性方面的绩效情况。

一、长期失能的测量和数据选择

（一）长期失能概念的界定

虽然在第一章中对于长期失能概念和基础边界进行了较为详尽的探讨，但在具体测算中，必须使用一个可操作化、可度量的定义框架。目前国际上对失能的概念采用基本日常生活活动能力量表（ADL量表），即从吃饭、穿衣、洗澡、上厕所、上下床、控制大小便这六项日常生活功能指标进行界定，判定为“健康”是无任何功能障碍，判定为“轻度失能”的是1~2项指标有困难需要帮助或无法完成，判定为“中度失能”的是3~4项无法自己完成，判定为“重度失能”的是有5~6项无法完成或需要帮助。

考虑到目前我国长期护理保障政策以年龄达到60岁作为给付的基本条件之一，为了更好地对失能人口以及护理服务成本进行测算，本研究中将失能老年人界定为年龄在60岁及以上，因年龄或者疾病等原因，包括吃饭、穿衣、洗澡、上厕所、上下床、控制大小便在内的日常生活功能存在一定的障碍，需要他人协助或者完全依赖他人照顾才可以完成这些活动的老年人，并以五年为分割点，进行分组测算。

（二）数据选择与老年人失能情况的描述性统计

1.研究数据选择

基于大样本数据测算我国老年人的失能转移概率，是研判我国长期失能规模的重要基础依据。考虑中国健康养老追踪调查（China Health and Retirement Longitudinal Study，CHARLS）长期跟踪了我国45岁以上人群的基本身体健康情况，该数据采用科学抽样方式，共覆盖了150个县级单位和450个村级单位，合计家庭样本数量超过1万个，个体样本数量超过1.7万个。且该项目自2011年开始，按照每3年一个周期滚动调研，形成了较好的时间序列效应。为此，本章利用已经公布的CHARLS 2015年和2018年两个年度的调查数据，计算老年人健康状态的转移概率。再结合我国第七次全国人口普查数据分析未来老年人口身体状态的发展趋势。

2.描述性统计

CHARLS从多个角度对受访者进行分析，在调查报告中，对包含吃饭、穿衣、洗澡、上厕所、上下床、控制大小便这六项日常生活功能指标的选项分别为"没有困难""有困难但仍可以完成""有困难，需要帮助""无法完成"。剔除无效、变量缺失以及死亡的观测值，得到2015年、2018年60岁及以上老年人样本量分别为9868名、10999名（表7–1）。

表7-1　CHARLS调查中2015年和2018年失能老年人数量与占比

年份	项目	健康	轻度失能	中度失能	重度失能	合计
2015	样本量/人	7189	1831	552	296	9868
	占比/%	72.85	18.56	5.59	3.00	100
2018	样本量/人	8161	1846	596	396	10999
	占比/%	74.20	16.78	5.42	3.60	100

从我国人口老龄化总体进程看，“十三五”后期至“十四五”初期正处于人口老龄化速度阶段性放缓的窗口期。CHARLS调查显示，2015—2018年，60岁及以上老年人的身体健康情况占比变化不大。其中健康人数占比仅提高1.35个百分点，轻度失能人数占比下降1.78个百分点，中度失能人数占比下降0.17个百分点，重度失能人数占比上升0.6个百分点。

二、失能转移概率发生与长期照护服务需求人员测量

（一）老年人失能情况的模拟

为了研究老年人不同健康状态之间的转移概率，本文利用马尔可夫多状态转移方法，基于2015年、2018年两次调查结果，测算出3年的转移概率P_{ij}。P_{ij}是老年人从初始健康状态i转移至健康状态j的概率。本文将老年人健康状态分为健康、轻度失能、中度失能、重度失能和死亡5种状态，用二元离散Logit模型来刻画老年人死亡的概率，用有序多分类Logit回归来测算健康、轻度失能、中度失能和重度失能之间的转移概率。在上述模型中，以性别、婚姻、城乡和初始健康状态为控制变量。

$$P(S_{5t}=1|S_{it-1},X)=G(\beta_0+\sum_{i=1}^{4}\beta_i S_{it-1}+\beta_5\text{Gender}+\beta_6\text{Marriage}+\beta_7\text{Location})$$

$$i=1,2,3,4;t-1=2015;t=2018$$

本文以2015年调查时身体健康的老年人为参照组，i表示健康状态，例如S_{1t-1}表示2015年为健康的老年人，S_{5t}表示2018年已经死亡的老年人。对于性别（Gender）变量，男性为1，女性则为0；婚姻状态变量（Marriage），老年人已婚且与配偶同住为1，否则为0；地理位置变量（Location），居住在城镇为1，居住在农村则为0。

生存者的四种健康状态是有序变量，因此用有序多分类Logit模型来测算四种健康状态的转移概率。

$$P(S_{1t}=1|S_{it-1},X,S_{5t}=0)=G(\alpha_1-\sum_{i=1}^{4}\beta_i S_{it-1}+X\beta)$$

$$P(S_{2t}=1|S_{it-1},X,S_{5t}=0)=G(\alpha_2-\sum_{i=1}^{4}\beta_i S_{it-1}+X\beta)-G(\alpha_1-\sum_{i=2}^{4}\beta_i S_{it-1}+X\beta)$$

$$P(S_{3t}=1|S_{it-1},X,S_{5t}=0)=G(\alpha_3-\sum_{i=1}^{4}\beta_i S_{it-1}+X\beta)-G(\alpha_2-\sum_{i=2}^{4}\beta_i S_{it-1}+X\beta)$$

$$P(S_{4t}=1|S_{it-1},X,S_{5t}=0)=1-G(\alpha_3-\sum_{i=1}^{4}\beta_i S_{it-1}+X\beta)$$

由于有序多分类Logit模型预测老年人健康的转移概率是以期末时期老年人生存为前提的，因此考虑死亡作为吸收变量，需要将上述条件概率转为无条件概率。

$$P(S_{jt}|S_{it-1},X)=P(S_{jt}=1|S_{it-1},X,S_{5t}=0)\times[1-P(S_{5t}=1|S_{it-1},X)]$$

结合上述模型，可以预测不同年龄段的健康状态转移概率矩阵，矩阵每一个元素P_{ij}代表着老年人从初始健康状态i转移至健康状态j的概率，因此矩阵行和为1。

（二）健康转移概率的测算结果

测算结果显示，老年人的健康转移概率呈现出如下特征，一方面，初始健康状态极大程度上决定了老年人的健康转移水平，初始状态越健康，保持健康水平的概率越高。同时，老年人年龄是决定健康水平的重要变量，年龄越高，越容易出现健康水平恶化的转移概率。

从初始健康状态看，老年人在2015年为健康，到2018年仍为健康的概率最高，达82.3%，转为死亡的概率为7.5%；初始状态为重度失能，在2018年转为死亡的概率最高，为57.6%，转为健康的概率最低，仅4.6%，这意味着重度失能的老年人，3年后有近六成的老年人死亡，恢复健康的不到一成；2015年初始状态从健康到重度失能，在2018年情况好转甚至恢复健康的概率逐渐下降，恶化甚至死亡的概率逐渐升高。

分年龄层来看，与其他年龄层相比，60~64岁老年人若在2015年为健康，到2018年仍为健康的占比最高，达85.5%，死亡的占比最低为2.5%。随着年龄的增加，80~84岁初始状态为健康的老年人，3年后依然健康的概率下降至59.5%，85岁以上老年人3年后仅有不到半数（41.9%）依然保持健康，超过两成（25.9%）的老年人死亡。60~64岁初始状态为轻度失能的老年人，3年后转为健康或者轻度失能的为82.3%，恶化甚至死亡的概率占比为17.7%。85岁以上初始状态为轻度失能的老年人3年后恶化甚至死亡的概率为56.7%，远远超过低年龄组的老年人恶化甚至死亡的概率。即使60~64岁初始状态为中度失能的老年人，3年后好转甚至恢复健康的概率也达到53.1%，恶化甚至死亡的概率仅为24.6%，而85岁以上初始状态为中度失能的老年人3年后恶化甚至死亡的概率为62%。

（三）失能老年人的规模预测

依据转移概率矩阵预测不同年龄阶段、不同身体状态的老年人口分布。以2020年第七次全国人口普查数据确定人口的年龄分布，由于本次普查并没有失能老年人的数据，因此为了分析更合理，本文利用2015年和2018年两次调查年龄分段健康状态比例来近似表示2020年全国老年人口的健康状态分布。

最终预测结果显示（表7–2），2020年我国老年人中，轻度失能老年人4812万人，中度失能老年人1549万人，重度失能老年人964万人。按照失能转移概率递推，到2035年我国约有4.25亿老年人，其中健康老年人约3.12亿人，轻度失能老年人约7152万人，中度失能老年人约2375万人，重度失能老年人约1762万人，轻度、中度和重度失能老年人规模分别较“十四五”初期增加2340.23万人、826.35万人和798.25万人。其中轻度失能人员增长数量最快，但是重度失能人员增幅最大，增长了近82.8%。由于重度失能人员是长期照护服务的主要需求者，重度失能人员数量的快速攀升，必然导致长期照护服务需求激增。

表7–2 各健康状态老年人口规模预测

单位：人

年份	健康	轻度失能	中度失能	重度失能	合计
2020	190761951	48117257	15491014	9642268	264012490
2023	216374710	49882548	16340972	11478271	294076501
2026	246339472	55534648	18008136	12761503	332643759

续表

年份	健康	轻度失能	中度失能	重度失能	合计
2029	274120983	60966856	19884300	14227811	369199950
2032	298943924	66963892	21975881	15961726	403845423
2035	312488151	71519509	23754450	17624796	425386906
2038	314913456	74940694	24824724	18815506	433494380
2041	314607756	77222126	25818133	19963024	437611039

三、不同长期照护保障模式的可持续性分析

为清晰说明在现有照护服务需求下，照护保障的供给水平是否适宜，是否能够实现财务可持续发展，本部分基于各地长期护理保险实践中广泛采用的筹资模式，研判不同模式的筹资是否能够充分覆盖未来的保障需求。

（一）长期护理保险的缴费人口推算

本文按照全员参保拟合长期护理保险制度的覆盖人口。依据人口普查年鉴，推算2022年22~60岁人口约为80913万人，60岁以上人口约为27458万人。根据《2022年全国医疗保障事业发展统计公报》，假定22周岁以上均参加医保，22~60岁参加职工医保人口为80913万人，可推算22~60岁参加居民医保人口约为54309万人，占22~60岁人口比重约为67.1%。60岁以上参加居民医保人口约为17747万人，占60岁以上人口约为64.6%。60岁以上职工医保参保人数占比35.4%（表7-3）。

表7-3　职工医疗保险、居民基本医疗保险人口测算结果

单位：万人

年龄	人口普查数据	职工医疗	居民基本医疗
22岁以下	108371	36315（推算）	72056（公报）
22~60岁	80913	26604（公报）	54309（推算）
60岁以上	27458	9711（推算）	17747（推算）

（二）不同筹资方式与筹资水平估算

目前，各地长期护理保险基本制度的模式不一，但采用全民参保模式是大势所趋，即不论职工人群还是居民人群，均被纳入长期护理保险制度的覆盖范围。因此，在统计和计算缴费人口时，要统筹考虑职工、居民两类参保人员，把他们都作为长期护理保险制度的筹资方，只是因为参保形式、缴费方式差异，带来缴费能力和有效筹资水平有所不同。

各地长期护理保险的筹资大致可分为定额筹资、比例筹资两种形态。其中居民医保多采用定额筹资方式，但个别地方也探索了比例筹资办法。而职工医保普遍采用比例筹资的机制，但也有第一批试点地区按照定额方式筹资。两种筹资方式在有效筹资水平、筹资弹性方面都有明显差异。因此，本文把比例筹资、定额筹资作为衡量制度筹资模式的主要依据，并以此判断试点方案的筹资水平。

1.定额筹资方案：职工居民双定额筹资

目前各地在长期护理保险定额筹资中，多采用定额筹资标准。本部分综合各地参保人员的实际参保筹资标准，并据此适度提高，假定职工医保的参保人员，按照600元/（人·年）缴纳长期护理保险费用，居民医保的参保人员，按照180元/（人·年）缴纳长期护理保险费用。同时，假定两种模式均具有明确的筹资调整机制，可以按照每三年10%标准调整待遇。将表7-3数据作为制度参保缴费人口基数，并假定制度“老化”速度与人口老龄化速度同步，据此测算定额筹资方案下的长期护理保险的筹资水平（表7-4）。

表7-4　定额筹资方案下长期护理保险筹资水平测算结果

单位：亿元

年份	职工医保筹资	居民医保筹资	合计
2023	2117.10	4085.02	6202.12
2024	2085.52	4134.15	6219.67
2025	2062.28	4182.58	6244.86
2026	2067.04	4312.18	6379.22
2027	2045.00	4367.43	6412.43
2028	2032.26	4426.32	6458.58
2029	2031.91	4565.10	6597.01
2030	2012.79	4629.10	6641.89
2031	1990.22	4694.19	6684.41
2032	1994.52	4840.16	6834.68
2033	1977.94	4907.06	6885.00
2034	1967.34	4980.26	6947.60
2035	1979.31	5133.66	7112.97
2036	1974.70	5205.47	7180.17
2037	1965.84	5269.12	7234.96
2038	1989.44	5427.20	7416.64
2039	1989.03	5499.76	7488.79
2040	1977.64	5559.30	7536.94
2041	1991.97	5707.56	7699.53

2. 比例筹资方案：职工居民双比例筹资

总体来看，定额筹资的弹性不足，特别是无法根据参保人员收入变化及时调整筹资水平，也无法根据基金支付需要动态调节筹资能力，部分地方已经把比例筹资作为主要的筹资方式。因此，本部分测算在职工和居民都采用比例筹资时，长期护理保险的筹资水平。参照各地目前比例筹资大多将费率核定为0.2%~1%，考虑各地在制度整合中存在抬高费率的动机，假定职工医保参保人员费率水平为2%，以城镇单位就业人员平均工资作为缴费基数；居民医保参保人员费率水平为1%，按照全国居民人均可支配收入为基数。

2022年，全国城镇单位就业人员平均工资114029元，全国人均可支配收入36883元。增速方面，近几年，随着我国经济由高速增长阶段转向高质量发展阶段，经济增速逐步放缓。居民工资、收入水平的变化也同经济增长一致，因此2023年工资增速按照五年平均工资增速（8.9%）进行预测，并按照插值法于2025年收敛至5%进行递推；2023年人均可支配收入增速按照五年平均收入增速（7.3%）进行预测，并按照插值法于2025年收敛至4%进行递推。据此测算比例筹资方案下的长期护理保险的筹资水平（表7–5）。

表7–5　比例筹资方案下长期护理保险筹资水平测算结果

单位：亿元

年份	职工医保筹资	居民医保筹资	合计
2023	6035.28	2690.50	8725.78
2024	6474.36	2921.62	9395.98
2025	6847.17	3122.86	9970.03
2026	7117.15	3289.66	10406.81

续表

年份	职工医保筹资	居民医保筹资	合计
2027	7393.34	3465.08	10858.42
2028	7714.65	3652.28	11366.91
2029	8000.23	3849.91	11850.14
2030	8321.20	4060.05	12381.25
2031	8639.27	4281.82	12921.09
2032	8981.31	4513.74	13495.05
2033	9351.96	4759.18	14111.14
2034	9766.96	5023.37	14790.33
2035	10194.87	5295.47	15490.34
2036	10679.68	5584.33	16264.01
2037	11163.37	5878.72	17042.09
2038	11722.67	6194.06	17916.73
2039	12306.27	6527.94	18834.21
2040	12847.59	6862.55	19710.14
2041	13429.75	7209.20	20638.95

3. 混合筹资方式：职工医保比例筹资与居民医保定额筹资结合

由于我国职工医保采用按照工资比例缴费的方式，而居民医保总体采用定额筹资方式，为了使长期护理保险制度与居民医保的筹资相适应，不少地方采用了混合式的筹资办法，即根据基础制度的筹资机制，确定对应参保人员在长期护理保险方面的筹资办法，也就是职工医保参保人员采用比例筹资办法，居民医保参保人员采用定额筹资办法。在本部分中，职工医保参保人员假定其费率为2%，且缴费基数为单位就业人员的平均工资。居民医保参保人员假定其缴费为180元/年，并按照每3年上浮10%调整。以此为依据，测算形成混合筹资方案下的长期护理保险的筹资水平（表7–6）。

表7-6　混合筹资方案下长期护理保险筹资水平测算结果

单位：亿元

年份	职工医保筹资	居民医保筹资	合计
2023	6035.28	4085.02	10120.30
2024	6474.36	4134.15	10608.51
2025	6847.17	4182.58	11029.75
2026	7117.15	4312.18	11429.33
2027	7393.34	4367.43	11760.77
2028	7714.65	4426.32	12140.97
2029	8000.23	4565.10	12565.33
2030	8321.20	4629.10	12950.30
2031	8639.27	4694.19	13333.46
2032	8981.31	4840.16	13821.47
2033	9351.96	4907.06	14259.02
2034	9766.96	4980.26	14747.22
2035	10194.87	5133.66	15328.53
2036	10679.68	5205.47	15885.15
2037	11163.37	5269.12	16432.49
2038	11722.67	5427.20	17149.87
2039	12306.27	5499.76	17806.03
2040	12847.59	5559.30	18406.89
2041	13429.75	5707.56	19137.31

（三）不同筹资水平与支付需求的匹配

长期失能人员将必然产生对应的照护服务需求，失能人员规模是决定照护服务需求的核心因素，失能人员规模越大，长期照护服务的需求就越强烈。在一定的人群规模下，不同失能条件和照护服务成本构成了对护理保险基金的有效支付需求，因此失能人员规模、失能条件和照护服务成本是决定支付需求的三大变量。

如果筹资水平可以覆盖支付需求，那么意味着长期护理保险制度处于收大于支的良性状态，基金财务可持续发展。如果随着人口老龄化形势的演进，失能人员增加，导致享受照护服务的人员等比增长，而基金筹资增速不能跟上照护服务需求扩张，制度收入不能覆盖支付需求，那么制度将陷入收不抵支的不良状态，制度可持续性将难以保障。

失能人员实际护理成本既与护理服务价格水平关联，也与长期护理保险制度的待遇规则相关，即规定失能人员是选择居家照护还是机构照护。总体来看，机构照护成本会高于居家照护成本，如果失能人员选择机构照护的占比高，那么长期护理保险基金支付的总成本就高；如果选择居家照护占比高，那么就有利于控制长期护理保险基金的总支付成本，使基金支出水平处于相对适宜状态。据此，对照护服务实现形式做如下假定。

一是高成本假设。假定长期失能人员全员采用机构护理的方式接受服务，根据长期护理保险政策内报销70%，结合各地长期护理机构的实际床位成本，本部分假定护理重度失能老年人所需的照护成本为3000元/月，护理中度失能老年人所需的照护成本为2400元/月，护理轻度失能老年人所需的照护成本为800元/月。长期照护机构的主要成本构成中房屋场地成本、人工成本对机构总成本形成较大影响，两者成本刚性都较为明显，会随着时间变化而逐年增长，据此认为长期护理机构的成本会呈现单向递增状态，平均每3年增长8%。据此测算高成本假设下的支付需求（表7-7）。

表7-7　高成本假设下长期护理保险支付需求测算结果

单位：亿元

年份	轻度失能		中度失能		重度失能		合计
	职工医保筹资	居民医保筹资	职工医保筹资	居民医保筹资	职工医保筹资	居民医保筹资	
2023	1695.21	3093.52	1388.33	2533.50	1462.79	2669.39	12842.74
2024	1759.24	3210.36	1435.54	2619.66	1517.30	2768.86	13310.96
2025	1823.26	3327.20	1482.76	2705.82	1571.81	2868.34	13779.19
2026	2038.27	3719.56	1652.37	3015.34	1756.43	3205.24	15387.21
2027	2104.73	3840.84	1709.75	3120.06	1823.70	3328.00	15927.08
2028	2171.19	3962.12	1767.14	3224.77	1890.98	3450.76	16466.96
2029	2416.66	4410.07	1970.48	3595.85	2114.91	3859.41	18367.38
2030	2495.90	4554.67	2039.57	3721.93	2200.82	4016.19	19029.08
2031	2575.14	4699.26	2108.66	3848.01	2286.73	4172.97	19690.77
2032	2866.73	5231.37	2351.97	4292.02	2562.46	4676.13	21980.68
2033	2931.74	5350.00	2415.42	4407.80	2651.45	4838.53	22594.94
2034	2996.75	5468.64	2478.87	4523.59	2740.45	5000.93	23209.23
2035	3306.69	6034.25	2745.71	5010.53	3055.80	5576.40	25729.38
2036	3359.42	6130.47	2786.95	5085.78	3124.62	5701.98	26189.22
2037	3412.15	6226.68	2828.18	5161.03	3193.43	5827.56	26649.03
2038	3742.06	6828.73	3098.97	5655.19	3523.23	6429.39	29277.57
2039	3780.04	6898.03	3140.31	5730.62	3594.85	6560.09	29703.94
2040	3818.01	6967.33	3181.65	5806.06	3666.47	6690.80	30130.32
2041	4164.46	7599.55	3480.82	6352.01	4037.15	7367.22	33001.22

二是中成本假设。假定长期失能人员中落实居家照护为主的原则，有70%的老年人选择居家护理，仅有30%的老年人选择机构照护，在不同失能等级人员接受居家或机构服务上采用等比例假设，即30%的重度、中度和轻度失能人员同比例选择机构护理。而

居家照护的成本较机构照护成本有着大幅压缩，仅为同等失能条件下机构护理服务成本的70%。而成本也会随着主要因素刚性压力变化而调整，平均每3年增长5%。据此测算中成本假设下的支付需求（表7-8）。

表7-8 中成本假设下长期护理保险支付需求测算结果

单位：亿元

年份	轻度失能		中度失能		重度失能		合计
	职工医保筹资	居民医保筹资	职工医保筹资	居民医保筹资	职工医保筹资	居民医保筹资	
2023	1339.21	2443.88	1096.78	2001.47	1155.60	2108.82	10145.76
2024	1389.80	2536.18	1134.08	2069.53	1198.67	2187.40	10515.66
2025	1440.38	2628.49	1171.38	2137.60	1241.73	2265.99	10885.57
2026	1582.49	2887.82	1282.88	2341.08	1363.67	2488.51	11946.45
2027	1634.09	2981.98	1327.43	2422.38	1415.90	2583.82	12365.60
2028	1685.69	3076.14	1371.98	2503.68	1468.13	2679.13	12784.75
2029	1844.29	3365.57	1503.78	2744.19	1614.00	2945.33	14017.16
2030	1904.76	3475.92	1556.51	2840.41	1679.57	3064.98	14522.15
2031	1965.23	3586.27	1609.24	2936.63	1745.13	3184.62	15027.12
2032	2150.88	3925.05	1764.66	3220.26	1922.59	3508.45	16491.89
2033	2199.65	4014.06	1812.27	3307.13	1989.36	3630.30	16952.77
2034	2248.43	4103.07	1859.87	3394.01	2056.13	3752.15	17413.66
2035	2439.62	4451.96	2025.74	3696.68	2254.52	4114.17	18982.69
2036	2478.52	4522.95	2056.16	3752.20	2305.29	4206.82	19321.94
2037	2517.42	4593.94	2086.58	3807.72	2356.06	4299.47	19661.19
2038	2715.32	4955.08	2248.68	4103.53	2556.53	4665.30	21244.44
2039	2742.88	5005.36	2278.68	4158.26	2608.50	4760.15	21553.83
2040	2770.43	5055.64	2308.67	4213.00	2660.47	4854.99	21863.20
2041	2972.59	5424.55	2484.61	4534.06	2881.71	5258.72	23556.23

三是低成本假设。假定长期失能人员落实了“9073”原则，即90%的长期失能人员选择了居家接受长期照护服务，仅有10%的失能老年人选择机构护理。在不同失能等级人员接受居家或机构服务上采用等比例假设，而同样假定居家服务成本仅为机构成本的70%。据此测算低成本假设下的支付需求（表7–9）。

表7–9　低成本假设下长期护理保险支付需求测算结果

单位：亿元

年份	轻度失能		中度失能		重度失能		合计
	职工医保筹资	居民医保筹资	职工医保筹资	居民医保筹资	职工医保筹资	居民医保筹资	
2023	1237.50	2258.27	1013.48	1849.46	1067.84	1948.65	9375.20
2024	1284.24	2343.56	1047.95	1912.35	1107.63	2021.27	9717.00
2025	1330.98	2428.85	1082.41	1975.25	1147.42	2093.89	10058.80
2026	1452.27	2650.19	1177.31	2148.43	1251.46	2283.73	10963.39
2027	1499.62	2736.60	1218.20	2223.04	1299.39	2371.20	11348.05
2028	1546.97	2823.01	1259.08	2297.65	1347.32	2458.67	11732.70
2029	1680.75	3067.14	1370.44	2500.86	1470.89	2684.16	12774.24
2030	1735.86	3167.71	1418.49	2588.55	1530.64	2793.20	13234.45
2031	1790.97	3268.27	1466.54	2676.24	1590.39	2902.24	13694.65
2032	1946.35	3551.81	1596.86	2914.04	1739.77	3174.83	14923.66
2033	1990.49	3632.36	1639.94	2992.66	1800.19	3285.09	15340.73
2034	2034.62	3712.90	1683.02	3071.27	1860.61	3395.36	15757.78
2035	2191.89	3999.88	1820.03	3321.30	2025.58	3696.39	17055.07
2036	2226.84	4063.66	1847.36	3371.18	2071.19	3779.63	17359.86
2037	2261.79	4127.44	1874.70	3421.06	2116.81	3862.87	17664.67
2038	2421.97	4419.75	2005.74	3660.20	2280.33	4161.28	18949.27
2039	2446.54	4464.60	2032.50	3709.02	2326.69	4245.88	19225.23

续表

年份	轻度失能		中度失能		重度失能		合计
	职工医保筹资	居民医保筹资	职工医保筹资	居民医保筹资	职工医保筹资	居民医保筹资	
2040	2471.12	4509.45	2059.25	3757.84	2373.05	4330.47	19501.18
2041	2632.05	4803.12	2199.97	4014.64	2551.59	4656.29	20857.66

（四）失能老年人长期护理需求与成本差异分析

总体来看，我国失能老年人长期护理保险资金需求存在较大的缺口，主要是随着我国步入老龄化社会，失能老年人数量呈现逐步上涨趋势，导致护理成本支出逐步升高。根据测算结果，在“十四五”时期，如果采用比例筹资或者比例与定额混合的筹资方式，且失能老年人采用部分机构护理、部分居家护理的方式，可以实现制度的财务平衡。步入“十五五”时期，在2028年及以前，采用定额和比例混合的筹资方式依然能够满足低成本假设下的长期照护支出（表7–10），但总体来看，失能老年人长期护理保险资金需求的缺口逐步产生。随着老年人口数量的增加，保险基金支出压力将不断扩大，各类筹资方案也难以长期平衡。因此，必须把可持续发展作为制度的“生命线”考虑。

表7–10　失能老年人护理保险筹资水平与保险成本对比

单位：亿元

年份	筹资能力			护理成本		
	定额筹资方式	比例筹资方式	混合筹资方式	低成本假设	中成本假设	高成本假设
2023	6202.12	8725.78	10120.30	9375.20	10145.76	12842.74
2024	6219.67	9395.98	10608.51	9717.00	10515.66	13310.96

续表

年份	筹资能力			护理成本		
	定额筹资方式	比例筹资方式	混合筹资方式	低成本假设	中成本假设	高成本假设
2025	6244.86	9970.03	11029.75	10058.80	10885.57	13779.19
2026	6379.22	10406.81	11429.33	10963.39	11946.45	15387.21
2027	6412.43	10858.42	11760.77	11348.05	12365.60	15927.08
2028	6458.58	11366.91	12140.97	11732.70	12784.75	16466.96
2029	6597.01	11850.14	12565.33	12774.24	14017.16	18367.38
2030	6641.89	12381.25	12950.30	13234.45	14522.15	19029.08
2031	6684.41	12921.09	13333.46	13694.66	15027.12	19690.77
2032	6834.68	13495.06	13821.47	14923.66	16491.89	21980.68
2033	6885.00	14111.14	14259.02	15340.73	16952.77	22594.94
2034	6947.60	14790.33	14747.22	15757.79	17413.66	23209.23
2035	7112.96	15490.34	15328.53	17055.07	18982.69	25729.38
2036	7180.17	16264.01	15885.15	17359.86	19321.94	26189.22
2037	7234.97	17042.09	16432.49	17664.67	19661.19	26649.03
2038	7416.64	17916.73	17149.87	18949.27	21244.44	29277.57
2039	7488.79	18834.21	17806.03	19225.23	21553.83	29703.94
2040	7536.94	19710.14	18406.89	19501.18	21863.20	30130.32
2041	7699.53	20638.95	19137.31	20857.66	23556.23	33001.22

第八章

典型国家长期照护保障制度模式选择与改革

从国际经验看，主要国家在应对人口老龄化、解决高龄失能人员的照护服务需求方面，普遍作出了针对性的制度安排，但是安排方式有明显差异，或是建立专门的长期护理保险制度，或是采用津补贴方式提供照护经济保障，或是以商业保险为主要保障供给方式。

一、长期护理保险模式与政策改革：以日本为例

20世纪70年代荷兰在医疗保障制度框架下设立了“特别医疗支出”制度，独立筹资并运行，率先建立了长期护理保险制度，此后以色列、德国、日本、卢森堡、韩国等国家纷纷选择了以社会保险模式提供长期照护保障。在制度设计上各国各有特色，其中德国、日本的基本制度相对成熟，也被一些后发国家所借鉴参照，更加具有典型意义。

（一）日本长期护理保险制度的建立背景

一是需求推动。在日本的老龄化进程中，高龄老年人、失智老年人、失能老年人大幅增长，长期护理服务需求快速增长。自20世纪70年代开始，日本逐步步入老龄化社会，并且面临巨大的高龄化和少子化压力。1970年日本65岁以上老年人数量达到739万人，占总人口比例的7.1%，正式迈过了老龄化社会门槛。此后，日本人口老龄化率不断攀升。到1994年，65岁以上老年人比例达到14%，步入中度老龄化社会。到2000年，日本65岁以上老年人

数量达到了2187万人，占总人口的比例已高达17.4%。[1]

日本厚生劳动省（日本负责医疗卫生和社会保障的主要部门）调查发现，在日本进入中度老龄化阶段时，卧床不起、身体虚弱、老年痴呆的老年人就达到200万人。到2000年，需要护理的老年人数进一步增至280万人，相当于日本当时老年人总数的12.8%。日本社会保障人口问题研究所的测算数据显示，2015年日本老年人中有一半为75岁以上的高龄老年人。

二是政策替代。日本政府较早意识到了人口年龄结构变动带来的社会保障需求变化问题，为了更好解决老年人的养老、医疗保障权益问题。日本自20世纪50年代末就陆续出台了《国民年金法》（1959年）、《老年福利法》（1963年）和《老年保健法》（1983年）。按照《老年福利法》的要求，为解决老年人的医疗负担问题，1973年日本正式建立了老年人“免费医疗”制度。按照制度设计，70岁以上老年人和65岁以上的不能自理老年人可以享受“免费医疗”，所需资金由日本中央财政、地方财政和国民健康保险基金支付。但由于“免费医疗”制度固有的浪费问题，43%的老年人住院时间达半年，老年人医疗费用占日本医疗费用的1/3。日本从1982年开始将老年人“免费医疗”制度转变为老年人“低付费”医疗制度，老年人住院仅需负担很低的自付标准。因日本迈入人口老龄化社会后，老年人口快速增加，失能老年人照护服务不足，很多老年人为了获得护理服务而长期住院，造成了医疗卫生资源巨大的浪费，建立替代性制度被纳入日程。

---

[1] 丁顺英．日本人口老龄化问题研究[M]．北京：社会科学文献出版社，2018.

（二）日本长期护理保险制度的建立与主要特征

20世纪90年代，通过保险方式分担老年人长期护理费用的制度改革方向逐步被日本政策界所认可。1995年7月，日本举办了社会保障制度审议会，明确提出了行政拨款支持的各类护理服务设施和服务提供，应该转型为国家支持的长期护理保险制度。1996年，代表日本当时联合执政党的老年人保健福利审议会正式提出了关于“介护保险”的议案，提出建立长期护理保险制度，并对制度设计进行了较为详细的勾勒，包括以税收作为重要筹资来源、提高消费税的比例等。

1997年12月，日本的《介护保险法》正式通过，此后《医疗法修正案》通过。日本长期护理保险制度与此前荷兰、德国的制度基本构成和运行机制不同，具有部分覆盖、地方化管理和“半公费”护理特征，纳入失能高发风险群体，财政承担了重要的筹资责任。

一是重点覆盖护理风险多发群体。与德国等部分国家长期护理保险制度“跟随”基本医疗保险、在职人员全员需缴纳长期护理保险费的制度设计不同，日本长期护理保险制度重点覆盖大龄、高龄群体。按照《介护保险法》的要求，各市町40岁以上居民需参加长期护理保险制度。具体覆盖对象见表8-1。

表8-1　日本长期护理保险覆盖对象情况

分类	年龄条件	长期护理保障条件
第一类被保险人	65岁及以上参保人员	各类符合条件的长期照护服务需求
第二类被保险人	40~64岁参保人员	仅限于阿尔茨海默病、脑血管疾病、帕金森综合征、慢性风湿性关节炎等15种特定性疾病导致的长期照护服务需求

二是运行机制地方化。荷兰的长期护理保险制度脱胎于医疗保险中的"特别医疗支出"，德国的长期护理保险完全由各健康保险基金承保，因此在实施中具有明确的健康保险依赖特征。而日本的长期护理保险制度在管理上延承了日本老年人福利的制度理念。1990年日本在《老年福利法》修订中，要求县市町等地方政府负责"老年人福利保健计划"的制定工作，并将老年人、残疾人的福利设施管理移交给地方政府负责。而日本医疗卫生制度主体为政府支持，除少数医科大学附属医院，大部分为地方政府支持的县立、市立医院，在筹资上一度实施的老年人"免费医疗""低费医疗"制度，也由地方财政承担了相当比例。在此路径依赖下，日本地方政府成为长期护理保险制度的主要管理责任方和运营主体。根据《介护保险法》，市町村政府是长期护理保险的管理、经办方，负责管理所在地区的长期护理保险经办事务，包括征收长期护理保险费用、审定经办照护服务资格、认定失能等级、按照服务等级监督待遇落实等工作（表8-2）。

表8-2　日本各级政府的护理保险制度事权

政府层次	事权管理责任
中央政府	制度框架设计和护理等级的确定
都道府县政府	确保护理服务设施正常运行和护理服务人员的供给
市町村政府	长期护理保险资金管理、经办服务

三是筹资来源"半公费"化。荷兰、德国和卢森堡等国家的护理保险均采用工薪税方式筹集，保费是长期护理保险基金的主要资金来源。而日本长期护理保险制度建立之初，就确定了政府与参保人员共付的基本理念。按照制度设计，政府补助资金占长期护理保险资金比重为50%，其中中央政府筹资占25%，都道府县政府

筹资占12.5%，市町村政府筹资占12.5%。被保险人合计承担50%的筹资，其中65岁及以上的第一类被保险人筹资占总筹资规模的22%，资金来源由养老保险基金抵扣。40~64岁第二类被保险人筹资占28%，实际资金由医疗保险支付（表8-3）。在待遇支付标准上，日本长期护理保险报销比例为90%，个人需要自付10%。

表8-3　日本长期护理保险费用的筹资来源

资金来源	分担主体	分担比例
政府财政	中央政府	25%（2005年后调整为20%）
	都道府县政府	12.5%（2005年后调整为17.5%）
	市町村政府	12.5%
参保人员保费	第一类被保险人	22%
	第二类被保险人	28%

四是照护待遇分级化。与各国长期护理保险制度类似，日本长期护理保险制度按照失能等级确定失能人员的照护待遇，评定的失能等级越高，照护服务支付标准越高，也能够获得更加丰富的服务项目。在制度支出设计方面，日本长期护理保险确定为6个失能等级，即“需要支援”和“需要护理1级”至“需要护理5级”。其中“需要支援”状态是指老年人已经丧失了局部自理能力，虽尚未达到长期照护服务的门槛要求，但在日常生活中需要一定的服务支持。“需要护理1级”至“需要护理5级”则按失能状态，确定每日所需的护理服务时间。

五是服务供给多元化。日本长期护理保险保障待遇共有23类服务项目，分为多种服务提供模式，综合考虑失能人员的失能等级状况和意愿予以提供。在制度实施之初，日本长期护理保险所提供的照护服务形式包括居家服务和机构服务两种类型，后续在改革中增加了社区护理服务类型，目前三种护理服务的利用规模大致为7:1:2，居家服务是主要的服务保障类型。此外，面向“需要支援”的服务对象，提供护理预防类服务。与其他实施长期护理保险制度国家不同，日本较为严格地坚持以服务为主要待遇形式，非经认定因居住偏远等原因，失能人员不能就近获得必要的护理服务，原则上不采用现金给付方式实现待遇。在服务保障基础上，各类失能照护所需的用具和适老化改造也被纳入长期护理保险的给付范围（表8–4）。

表8–4　日本长期护理保险服务供给类型

保障类型	保障形式	保障内容
护理服务	居家服务	上门护理、看护、康复等，以及老年护理中心的日间护理和短期护理
	社区服务	社区内家庭集体护理、夜间护理等
	机构服务	在养护老年人院（无医护功能）、护理保健机构（具备医护功能）、护理疗养院（侧重慢病照护）等接受长期照护
护理预防服务	居家预防	上门看护预防、日间护理预防等
	社区预防	小规模集体性护理预防、阿尔茨海默病预防等
辅助支持	福利用具	老年人所需轮椅等福利用具的适配及出租
	适老化改造	老年人家庭的适老化改造

（三）日本长期护理保险制度的改革

长期护理保险制度实施后，日本人口老龄化形势持续加深，照护服务需求不断扩张，各方利益群体也对长期护理保险制度频繁提出修改要求。为此，日本不断调整长期护理保险的基本制度，自2005年改革起步，累计开展了六次改革，基本呈现出“三年小改”的小步慢走状态，并且在改革措施积累到一定阶段，进行制度结构性调整（表8–5）。

表8-5　日本长期护理保险制度历次改革重点

改革时间	改革动因	主要改革内容
2005年	护理服务需求申请大幅增加、成本扩张较快	建立护理预防服务机制，取消机构护理中的餐费、住宿费给付，增加社区护理服务，优化筹资比例结构
2008年	护理机构规模性骗保	完善护理服务管理和质量管理体制
2011年	1947—1949年“婴儿潮”时期出生人口迈入老龄行列	构建社区综合性服务体系，建立多功能居家护理与上门护理结合的复合型服务机制，建立附带护理功能的老年公寓
2014年	完善社区综合护理体系，平衡人群间缴费负担	加强医疗与护理相结合，严格限制入住特别养护老年人院的范围，减轻低收入者的缴费负担，提高高收入者的自付比例
2017年	老年人规模和护理保险给付加速攀升	落实地方责任，防范老年人护理重度化；创立护理医疗院，推动老年人与残疾儿童服务设施结合利用；提高高收入者个人自付比例，改革第二类被保险人征缴方式由按参保人数征缴变为按工资薪金比例征缴
2021年	积极应对疫情影响	强化长期护理保障体系对大型灾害和传染病感染的能力，保证依然能够提供稳定可持续的护理服务

一是制定严格的待遇管理机制。截至2022年4月，日本长期护理保险第一类被保险人数3590万人，较制度建立之初增加了1.65倍；已经认定为需要护理或者需要支援的人数达到691万人，较制度建立之初增加了3.17倍；已经享受各类型护理服务待遇人数585.8万人，较制度建立之初增加了3.04倍。[1]其中固然有前期改革扩大了长期护理保险待遇受益面的因素，更重要的是人口年龄结构老化导

[1]　郭佩.日本长期护理保险制度改革借鉴[J].中国金融，2023（12）：83-84.

致护理服务享受对象的自然增长，并由此带来了受益对象数量的快速增长。因此，在日本长期护理保险的历次改革中，都注重完善服务管理机制，严格把长期护理服务限定在必须提供的失能人员，避免服务资源滥用。同时，在2005年的改革中强化失能预防干预，避免失能老年人结构不合理。在2017年的改革中强化了各类型资源的"共生"和集约利用。

二是提升制度的财务稳定性水平。日本长期护理保险的"半公费"特征，决定了这一制度的财政依赖度较高。而护理需求的快速释放，特别是认定需要护理服务的老年人增加，使日本长期照护服务支出面临着快速攀升趋势，支出增长远超过预期状态。2021年，日本长期护理费用合计突破11万亿日元，增长速度远快于制度设计预测。从增速来看，日本长期护理保险的支出刚性要强于其他社会保障支出，2000—2022年长期护理保险费收入增长了86%，而社保支出整体增长了1.16倍，医疗费用增长了79%。为确保制度财务平衡，日本不断通过增收减支方式稳定长期护理保险制度的财务状况。一方面，提高护理保险保费和个人自付水平。日本第一类被保险人的月加权保费，也由制度建立初期的2911日元，增至2022年的6014日元，上涨了1.07倍。同时不断严格收紧支付范围，2005年先将餐费、住宿费剔除出护理保险的支付范围，在2015年和2018年的改革中，提高高收入人群自付比例至30%，并从2021年8月起进一步提高高额护理服务费的自付上限额度。另一方面，强化财政的筹资能力，渐进式将消费税提高至10%，为长期护理保险制度筹资。

三是调节服务需求结构。在长期护理保险制度实施之初，面临机构服务增长过快，并带动总服务成本上涨的问题。为此，日本从两方面对照护服务供给进行调节优化。一方面，在2005年的改革中增加社区护理形式，使居家护理与机构护理之间形成过渡，引导部分服务需求向成本相对较低的社区护理转移。另一方面，引导老年人就近居家接受护理服务。日本在进行长期护理保险制度的首轮改革中，就提出了要打造“社区整合型服务体系”，在市町村级单位建立专门的整合型服务中心提供相关护理服务。此后的第三轮、第四轮改革进一步明确了居家护理和社区护理的整合型服务方式与服务内容，要求加强医疗服务、护理服务和面向低收入群体生活援助制度之间的协同性，重点为认定为中度、重度失能的老年人提供居家的综合性护理服务保障。从实施效果看，日本的长期护理服务需求结构得到了较好的调节，截至2022年，日本居家护理服务使用人数为420.6万人，较制度建立之初增长了3.1倍，而机构护理服务使用人数为95.6万人，仅相当于制度建立之初的1.53倍，服务结构的优化有效控制了制度成本的增长。

二、社会兜底与商业性护理保险结合模式：以美国为例

（一）美国的人口老龄化形势和照护服务需求

作为发达经济体，美国同样是世界上最早进入老龄化社会的国家之一，在20世纪40年代，美国65岁以上人口数突破7%，到1950年升至8.1%，正式迈入了老龄化国家行列。1960年，美国老年人数进一步攀升至1656万人，老年人占总人口比重也升至9.2%。尽管老年人规模持续扩大，但是美国通过两方面稀释了人口老龄化的影响。一方面，美国有着强劲的“婴儿潮”效应。从1946年到1964年，美国生育意愿快速释放，这期间新生儿总人数达7590

多万人，相当于美国当时人口数量的1/3，极大地平衡了因人口老龄化带来的人口年龄结构问题。另一方面，美国作为世界主要的移民目的地，移民虹吸效应较强，也减弱了人口老龄化的影响。世界银行数据显示，1966年至2021年，美国净移民人数达到6511万人，相当于美国“婴儿潮”时期出生人数的85.8%，其中大部分为劳动年龄阶段和未成年人口。

在阶段性“婴儿潮”与持续性“移民潮”的影响下，美国人口老龄化进程呈现出“早起步、缓加速”的状态。根据世界银行数据库数据，2021年美国65岁以上老年人占总人口比例约为17%，较欧盟21%左右的人口老龄化率低4个百分点，比日本低13个百分点，比德国低5个百分点，在世界主要国家人口年龄结构中处于相对年轻状态。从中位年龄来看，美国中位年龄为38.9岁，仅高于我国0.4岁，低于欧盟国家中位年龄水平近5.1岁，低于日本中位年龄水平9.5岁，人口主体处于适合劳动年龄阶段。

但从发展趋势看，由于“婴儿潮”时期出生人口逐步老龄化，即使有移民群体不断稀释这一影响，但仍会使美国人口老龄化逐步加速。根据世界银行数据库数据，从2010年到2021年，美国65岁以上人口占总人口比例增长了30.8%，与此同时，人口出生水平呈现持续下降态势，总和生育率由2010年的1.9降至2021年的1.7。受此影响，美国的人口老龄化仍然会处于上行状态。而因家庭结构的持续小型化，导致美国老年人也面临严重的空巢问题。美国驻华大使馆披露的数据显示，2022年美国65岁及以上老年人中独自居住的人数近1600万，相当于美国老年人总数的28.6%。与20世纪60年代相比，美国老年人“空巢化”比例增长了3倍。再加上美国缺乏代际互助的社会传统，使美国老年人通过社会化方式实现照护服务供给的需求更加强烈。[1]

（二）美国长期照护服务供给结构

1.公共照护保障计划

长期以来，美国医疗保障制度采用了“小政府、大市场”的运行模式，市场机制构成了医疗保障制度的基础供给安排，政府仅面向老年人、低收入群体和特殊人群提供有限的医疗保障兜底，主要为面向退休人员的具有社会保障特征的医疗照顾计划（Medicare）、面向低收入人群的具有救助性质的医疗救助计划（Medicaid）和面向退役军人的福利保障制度。

美国不同的医疗保障制度都对长期照护服务需求予以适当兼顾，根据服务对象的特点、服务要求、公共项目的支持重点，或是重点提供重特大疾病护理所需的服务，或是提供一定的家庭医疗护理支持，或是将必要的日常照护、成人看护纳入保障范围。根据每个计划性质和特征的不同，采用了差异化的经费保障机制。其中，医疗照顾计划主体通过联邦医保补贴和州财政分担，个人适度缴费；医疗救助计划完全为地方事权，由州级财政承担主要的支付责任。退役军人福利保障制度经费主要来自联邦财政。

美国各项公共照护保障计划在照护保障供给水平上是非常不充分的，并不能够解决政策对象人群的照护服务需要问题。例如，医疗照顾计划本质是老年人医疗保险制度，重点覆盖必要的医疗护理服务，但最长支付期仅为100天，事实上只具有短期医护功能，不能真正向老年人提供连续的长期照护服务支持。医疗救助计划、退

[1] 刘沐轩.美国老龄化加速：2034年老年人数量或超儿童，养老金或将在10年内耗尽[EB/OL].(2023-05-30)[2024-03-25].https://baijiahao.baidu.com/s?id=1767308234672838410&wfr=spider&for=pc.

役军人福利保障等，政策对象局限于特定人群，实施范围狭窄，且服务内容或是强调医疗护理服务，或是强调看护支持，无法提供普遍性的照护服务兜底（表8-6）。

表8-6　美国各项公共照护保障计划的主要特征

计划名称	覆盖对象	基本性质	照护保障项目
医疗照顾计划（Medicare）	65岁以上老年人及残疾人	社会医疗保险	疾病治疗所需的短期医疗护理和康复护理
医疗救助计划（Medicaid）	收入低于法定标准人员	社会救助	因治疗、康复所需的医疗护理服务
社会服务补助（Social Services Block Grant）	儿童、老年人、残疾人等	社区服务项目	社区居家护理、日常服务、看护照顾等
老年法案（Oler Americans Act）	老年人	社会服务项目	为有需要的老年人提供食物、生活照料支持和其他社会服务
生活补助计划（Supplemental Security Income）	低收入老年人、残疾人	现金补贴	根据家庭状况核定提供现金补助，可支付必要的生活照护费用
退役军人福利保障（Veterans Health Care）	退役军人	优抚保障	退役军人的家庭健康护理、家庭病床个人护理、临终关怀

资料来源：The Health Insurance Association of America. Financing Long-Term Care Needs[R]. Washington DC，2002.

2. 商业性护理保险供给机制及变动趋势

在“大健康”保障领域，美国把市场机制作为保障供给的主要手段。在长期照护保障领域，也承袭了这一做法，对不符合公共保障计划的大多数社会成员，鼓励通过购买商业性护理保险产品方式实现个人照护保障。为了鼓励老年人配置商业性护理保险，在1996年颁布的《健康保险可转移及责任法案》（*Health Insurance*

Portability and Accountability Act，HIPAA）和相关税法条款中，明确提出对符合规定长期护理保险产品允许在税前抵扣保费。

从商业性护理保险计划的提供方式看，主要采用传统护理保险、混合护理保险两种组织方式（表8-7）。所谓传统护理保险，即按照医疗保险的方式组织，功能聚焦于护理保障，根据合同周期缴纳保费，采用“报销制”方式确定照护保障待遇。由于需要每个保障周期核算保费和支付责任，每期保费不固定，如果保障计划面临入不敷出压力，就会停售或者转型，不承诺终身保障待遇。混合护理保险，也被称为“hybrid计划”，具有一定的储蓄积累功能，往往采用寿险、年金产品与护理保险结合的方式，如出现约定的长期失能条件，可以提前享受护理待遇。在筹资上，混合护理保险保费也普遍采用逐期缴纳，但可以趸交，也可以将养老保险个人账户资金转入用于配置护理保险产品。由于是长周期产品设计，所以保费固定、保障年限固定，甚至可以根据通货膨胀情况调整待遇。待遇形式包括现金或者按支付标准报销。与传统护理保险不同，混合护理保险因为主险功能形式较多，不能以此为依据享受税收优惠政策。

表8-7 美国商业性护理保险产品类型

产品类型	传统护理保险	混合护理保险
产品功能	护理保障	与寿险、年金等共同形成保单，护理待遇作为保单的待遇形式之一
价格形成方式	根据支付责任动态调整	相对固定
保费缴纳方式	逐期缴纳	逐期缴纳或趸交
保障年限	相对较短	根据约定可较长周期保障
待遇形式	费用报销	现金给付或费用报销
税收优惠	是	否

由于混合护理保险产品更加灵活，且与资本市场其他金融产品形成了有效的连接，所以更加受到参保人员的欢迎。传统护理保险产品整体处于收缩状态，2020年的新增保单数降至约49000单，仅相当于2000年新增保单规模的7%。从销售占比来看，仅有16%的新增保单为传统护理保险产品，84%已经为混合护理保险产品所占据[1]。

尽管美国把商业性护理保险作为解决老年人护理保障问题的主要渠道，但是由于商业性护理保险存在逆向选择、定价机制失灵、服务成本与投保费用之间不匹配等问题，商业性护理险市场长期未能得到有效发展。

一是费用分担能力不足，从长期护理费用资金来源结构看，商业性护理保险实际对护理费用分担能力相对薄弱，仍处于补充状态。数据显示，在美国老年人长期护理费用来源中，私人保险占比仅为6.10%，医疗照顾计划的资金占21.8%，医疗救助计划的资金占42.7%，再加上其他公共支出占7.0%，政府性资金占美国老年人长期照护服务购买总资金量的70%以上。

二是发展呈现出萎缩状态。美国的商业性护理保险大致经历了"倒U"形的发展阶段，在1996年《健康保险可转移及责任法案》出台之前，商业性护理保险聚焦于护理院护理和家庭护理形态，参与保险机构较少，总保费水平也比较低。此后，由于规定个人或雇主可享受税收优惠，极大促进了商业性护理保险的发展，一度有177家保险公司经营长期护理保险业务，但也带来了恶性竞争问题。许多保险公司的产品匆忙上马，对产品设计缺乏科学评估，对行业

[1] 何剑钢，冯鹏程，杨寅斌.商业长期护理保险的设计，经验和假设[J].保险理论与实践，2022（4）：46-69.

服务价格和保费受益浮动估计不足，发生了巨额亏损，产品难以为继，导致2019年经营主体收缩至12家，并且普遍向混合型产品转型。实际持有保单人数也呈现萎缩状态，由2010年的730万人降至2019年的644万人，减少了11.8%。[1]

三是经营状况不佳。由于人口老龄化规模和失能发生概率超过预期，护理保险市场没有形成可靠的产品方案，对长期支付责任预估不足，导致保费定价偏低，再加上利率水平低于保险公司预期，赔付责任超过了保费水平。在2000年，美国商业性护理保险产品已收保费为52亿美元，赔付金额为19亿美元，赔付率仅为36%。而到2019年，美国商业性护理保险合计收取保费117亿美元，赔付了129亿美元，赔付率增至110%，实际损失与预期损失比也达到了132%，各商业保险计划经营状况远差于预期。[2]

（三）美国长期照护保险制度转型设想与失败教训

1. 美国建立普惠性照护保险制度的设想

为了解决美国照护服务保障体系的系统性短缺问题，2010年3月，美国修订了《医疗保健和教育协调法案》（*Health Care and Education Reconciliation Act*），并同步发布了《患者保护与平价医疗法案》（*Patient Protection and Affordable Care Act*），“奥巴马医改”正式启动。根据医改设计，应建立一个国家组织、自愿参保、按月缴费和享受待遇的普惠性照护保险制度，即“社区生活援助服务和支持计划”（Community Living Assistance Services and Supports Program），通常被简称为CLASS计划。根据设想，这一制度具有

[1] 何剑钢，冯鹏程，杨寅斌. 商业长期护理保险的设计，经验和假设[J]. 保险理论与实践，2022（4）：46-69.

[2] 同[1]。

自愿加入、差别缴费和给付、自我平衡、上位兼容的特征。

一是自愿参保。CLASS计划面向所有18岁以上有3年就业历史的人员，在参保上可以选择两种途径，一方面，建立了雇主责任自动加入机制，雇主方可以选择是否退出CLASS计划，如没有退出则默认加入；另一方面，面向个体经营者、受雇于多个雇主的部分就业者和雇主放弃加入的雇员，开放个人参保通道。

二是风险关联确定保费水平和待遇水平。每个参保人员应按月缴纳CLASS计划的保费，根据年龄不同，保费将逐步递增。学生和贫困线以下的低收入者，可以按照优惠水平确定保费标准，当时设想为5美元/月。在待遇方面，CLASS计划面向失去日常生活活动能力，或者出现认知功能障碍的失能、失智人群。根据失智程度不同，待遇水平也将有所差异，失能或失智程度越高的参保人员，给付标准也就越高。失能人员需缴纳保费至少达到5年，且不少于3年处于被雇用状态，才能申请待遇。在具体给付标准上，存在50美元/日和75美元/日的两种讨论。与美国其他公共健康保障计划不同，CLASS计划对待遇给付时长、待遇给付的总金额都没有限制性要求。

三是财务的自我平衡。CLASS计划以保费作为唯一资金来源，不依赖财政补助资金。同时，建立保费与计划偿付能力的联动机制，一旦偿付能力发生不足，可随时调整参保人员的保费。根据最初设想，CLASS计划拟于2012年正式实施并筹集资金，于2017年开始给付待遇，事实上也起到了制度预筹积累的作用。

四是CLASS计划将代偿其他公共保障计划的支付责任。CLASS计划将与医疗照顾计划、医疗救助计划进行紧密衔接，并作为符合条件参保人员长期照护保障支出的"第一付款人"，代偿其他公共健康保障制度的法定支付责任。如参保人员同时符合医疗救助计划的支付条件，又参加了CLASS计划，那么CLASS计划会把应支付标准的一部分支付给护理机构，其余部分才以现金补偿给参保人员。而护理机构从CLASS计划中获得的支付仍不足以覆盖服务成本的话，由医疗救助计划进行第二顺位结算。

2. 美国转型失败的启示

虽然CLASS计划作为“奥巴马医改”方案的重要组成部分，并以立法的形式获得通过，但由于制度设计过于简单，缺陷明显，隐藏着巨大的财务性风险，受到美国两个主要政党的广泛质疑。2012年10月，在这一计划即将实施的前夕，由CLASS计划实施部门申请，美国政府通过内部政策调整方式，正式停止了CLASS计划的落地。这一改革尝试的失败，充分证明了长期照护保障领域的固有市场失灵特征，难以通过市场或者半市场的方式，系统性解决老年人的长期照护保障需要。

从制度功能看，CLASS计划代偿功能的合理性存在质疑。各国社会救助制度与主体社会保障之间都有着明显的责任边界，财政需承担低收入群体的筹资和保障责任。而CLASS计划把自身设置为第一支付责任人，导致政府实际上将大量本应承担的救助责任和老年保障责任，转嫁给在职参保人员，从而为财政挪腾出收入空间。按照美国国会预算办公室测算，CLASS计划实施后仅10年就可以带来超过700亿美元的税收收入，并近乎等额抵减了财政支出。因此，这一方案的基础合理性受到质疑，被认为是为“奥巴马医改”垫付资金。

从制度设计看，CLASS计划难以保证财务可持续性。由于建立了自动参保机制，所以整体参保效率类似于商业性护理保险，会有严重的逆向选择、带病参保现象，或者吸引临近退休人员参保，导致无法形成有效的保费收入。美国CLASS计划实施部门测算，按照失能人员平均50美元/月的给付标准，参保人员每个月需缴纳保费235~391美元。如果出现了类似商业性护理保险的逆向选择问题，那么参保人员每个月缴纳保费甚至会高达3000美元。因缴费与支付责任完全不匹配，虽然设计有5年的预筹积累期，但制度仍然会在给付开始后5年左右"破产"。

三、个人账户模式：以新加坡为例

（一）新加坡中央公积金制度的基本情况

新加坡中央公积金制度是一整套系统性的社会保障机制，力图通过储蓄方式解决国民的养老、医疗保障问题，其建制理念是国家在提供有限兜底保障基础上，将医疗保障主体责任交由个人负责，在筹资方面表现为医疗支出中公共支出占比偏低，同时公共支出中来自社会医疗保险的占比偏低。近年来，新加坡医疗卫生支出中公共筹资来源仅占医疗卫生总费用的30%左右，其中社会保障资金来源仅为5%。个人自付成为主要的医疗卫生费用来源，占比长期保持在60%以上。

经过几十年的发展，中央公积金已经覆盖了新加坡的大部分人口，特别是包括在新加坡长期工作的非居民人口。所有公积金账户都包含四类账户：一是普通账户，主要用于退休支出、住房保障；二是特殊账户，主要用于老年人退休投资和购买相关金融产品；三是医疗账户，用于住院医疗支出，并可配置相关医疗保险；四是退休账户，仅为55岁以上人士设立，用于按月领取退休金。

中央公积金的供款规模与账户持有人的年龄相关，年龄越小，中央公积金账户个人供款比例越高，制度蕴含着长期储蓄的设计理念。对于55岁及以下的账户持有人，雇主供款比例为17%，个人供款比例为20%，总费率为37%。而70岁以上在职人士，雇主供款比例为7.5%，个人供款比例为5%，总费率仅为12.5%（表8-8）。

表8-8　新加坡中央公积金供款比例（2024年）

单位：%

年龄	雇主供款率	个人供款率	合计
55岁及以下	17	20	37
>55~60岁	15	16	31
>60~65岁	11.5	10.5	22
>65~70岁	9	7.5	16.5
70岁以上	7.5	5	12.5

资料来源：新加坡中央公积金局网站（http://www.cpf.gov.sg）。

（二）中央公积金制度的长期照护保障功能与改革

新加坡的中央公积金制度下设医疗储蓄账户，近年来新加坡在推动中央公积金改革过程中，不断调动公积金储蓄用于支持大病、老年人失能保障，相当于个人储蓄的“再保险”，使中央公积金这一制度安排也具备了长期照护保障功能，具体表现为以下三种运行机制。

一是医疗储蓄账户（MediSave Care）。账户持有人可以申请提取医疗账户里的储蓄用于长期照护。根据制度设计，30岁以上的中央公积金账户持有人，当发生严重失能时，可以按约定金额申请提取医疗账户里的资金用于长期照护的需要，在一定条件下还可以同时利用配偶的账户资金。申请人的中央公积金账户需存储有不少于5000新元的余额，确保可以用于其必需的医疗服务和其他保费缴纳。每月最少提取额为50新元，最多提取额为200新元。提取的资金可以用于助浴、助洁、助穿衣、助食、助厕、助行等。

二是"乐龄健保"计划（ElderShield）。由于中央公积金的个人可提取额非常有限，对于解决账户持有人失能时的资金需求杯水车薪，特别是随着老年人失能发生率的增加，医疗需要也递增，造成账户入不敷出。2002年9月，为了解决高龄人员的照护需要，新加坡引入了"乐龄健保"计划，在运行机制上相当于通过利用中央公积金账户余额进行按比例缴费，向私人健康保险公司购买一项以照护支出为主要功能的保险，具体由新加坡职总英康保险合作社、大东方保险集团和英杰华保险集团三家公司承保。按照"乐龄健保"计划最初设计，重度失能人员每月可以领取300新元，给付期最长60个月。2007年9月30日之后参加"乐龄健保"的参保人员，待遇获得了升级，重度失能人员每个月可以领取400新元，最长给付期为72个月。在给付项目上，依然为助浴、助洁、助穿衣、助食、助厕、助行等。由于保障力度不足，再加上存在终身给付上限，2020年开始，随着新加坡系统研讨"乐龄健保"计划的不足，转而引入"终身保护"计划，"乐龄健保"转为封闭运行，不再新增加参保人员，原来40岁以下的参保人员，也转而加入"终身保护"计划。

三是"终身保护"计划（CareShield Life）。由于新加坡人口老龄化提速，到2030年预计老年人失能发生率将攀升至22%，且新加坡卫生部数据显示，有三成左右的失能人员失能期高达10年以上，"乐龄健保"计划的最长给付期为6年，仍然会面临着严峻的支付缺口。为此，2016年新加坡政府成立专门委员会，探讨修订"乐龄健保"计划，并在2020年推出了"终身保护"计划，该计划是基于医疗储蓄账户下的完全长期护理保险安排，达到一定年龄的账户持有人需按月缴费，如参保人员按照ADL量表出现3项及以上的失能，该计划就会提供经济支持和每月现金支付。与"乐龄健保”不同，“终身保护”计划由政府直接承保，并具有强制性特征，虽然资金来自医疗储蓄，但其本质上已经具备社会护理保险的特征。在待遇上，“终身保护”将有时限给付转变为符合条件后的终身支付，并建立了待遇自然调节机制，使制度可以更好应对失能风险。为鼓励原“乐龄健保”下持有人转入新计划，新加坡政府为2020年已年满40岁的账户持有人，提供每年最多400新元的保费补助，连续补助10年，鼓励他们转入“终身保护”计划（表8-9）。

表8-9　新加坡“乐龄健保”与“终身保护”计划的比较

比较项目	“乐龄健保”	“终身保护”
是否强制参加	年满40岁自动加入，但可选择退出	不能选择退出
给付标准和给付时限	300新元/月，最多给付5年（2007年9月30日以前）； 400新元/月，最多给付6年（2007年9月30日以后）	600新元/月，2020—2025年每年增加2%，可终身给付或给付至康复状态
缴费周期	40~65岁	30~67岁
资金来源	医疗储蓄	医疗储蓄
承保方	私人健康保险公司承保	政府承保
额外保障	无	面向中低收入家庭提供补贴，过渡期发放的过渡期保费补贴及其他保费补助

资料来源：新加坡中央公积金局网站（http://www.cpf.gov.sg）。

四、医保嵌入模式：以俄罗斯为例

（一）筹资机制

1993年1月，俄罗斯正式实施了《俄罗斯联邦居民医疗保险法》，放弃了由财政预算支撑的国家医疗保障模式，建立起以强制医疗保险为基础的多层次医疗保障体系。强制性医疗保险基金的供款来源包括三部分：企业需要交纳的统一社会税，税率为单位工资总额的34%，其中5.1%进入强制医疗保险基金；联邦和地方财政预算拨款支持老年人、儿童和无工作者的医疗费用支出；对自雇者和灵活就业者，个人缴费参加强制医疗保险。随着社会保障制度筹资水平的提高和覆盖面的扩大，强制医疗保险已经取代直接财政拨款成为俄罗斯医疗保障制度的主要融资来源，2013年强制医疗保险基金占公共融资渠的比重超过了60%。

自愿医疗保险制度是俄罗斯的第二保障层次，其功能类似于我国的补充医疗保险或者其他国家的职业医疗保险，负责对强制医疗保险保障范围之外的服务进行补充保障，同时包含了处方药品费用报销。自愿医疗保险由国家保险业务监督局审核的医疗保险公司负责运营，按照商业保险的模式自负盈亏，政府不承担兜底责任。由于企业税负沉重，同时保险市场相对不完善，俄罗斯的自愿医疗保险制度发展还很不成熟。2009年自愿医疗保险的融资规模为7430万卢布，占当年医疗费用筹资总额的3.9%，仅为强制医疗保险筹资规模的1/13（表8-10）。[1]

表8-10　俄罗斯医疗卫生费用的融资结构（1995—2009年）

单位：%

融资渠道	1995年	2000年	2005年	2008年	2009年
公共融资	73.9	59.9	62.0	64.3	64.4
一般政府税收	48.4	35.7	36.0	39.4	39.4

[1] 由于数据有限，2010年左右为作者可收集到的最新数据。

续表

融资渠道	1995年	2000年	2005年	2008年	2009年
强制健康保险（MHI）	25.5	24.2	26.0	24.9	25.0
私人融资	26.1	40.1	38.0	35.7	35.6[1]
个人直接支付	16.9	30.0	31.3	29.1	28.8
私人保险	1.6	3.2	3.1	3.8	3.9
NGO捐赠	2.8	1.7	1.8	1.4	1.4
其他私人来源	4.8	5.2	1.8	1.4	1.3

资料来源：POPOVICH L，SHISHKIN S. Health Care system in Transition: Russia: report of European Observatory on Health Systems and Policies [R]. Geneva:WHO，2009.

（二）待遇确定机制

1.覆盖范围

根据《俄罗斯联邦居民医疗保险法》，强制医疗保险不仅与就业关联，而且与居住地关联，所有联邦公民都必须依法强制参加，到2011年，该制度已经实现了全民皆保，实际覆盖率超过了98.2%，剩余1.8%的人口主要是无家可归者、未登记移民等。作为补充保障的自愿医疗保险仅在少数特大城市开展了相关业务，覆盖人口不足5%。

2.保障内容

强制医疗保险的保障水平是近乎全民统一的，联邦政府确定将“免费医疗供给包”作为基本保障线，所有强制医疗保险的参保者可以免费在公立医疗机构获得基本的医疗服务而无须支付任何费用。目前的“免费医疗供给包”不仅包含了门诊诊疗，还包含住院医疗和康复治疗。但处方药物、整容、非正规疗法、代偿工具安

[1] 原文如此，因四舍五入下列四项和为35.4。

装、非正规机构康复等内容被排除在免费医疗门槛之外。在联邦基本保障线基础上，各个地方可以根据地方医保基金的收支和财政能力情况进行适度扩展。

3.公平性

从目前政策实践情况来看，俄罗斯的全民免费医疗服务质量有限，并需要排队等待，但该制度起到了托底保障作用，确保了国民不会因为支付能力不足或者无经济收入而丧失救治机会，实现了基本公共医疗资源分配的"底线公平"。世界卫生组织认为，俄罗斯的免费医疗制度避免了该国的公共卫生状况因20世纪90年代的经济衰退而显著恶化。

由于强制医疗保险不提供药费报销，对于疾病发生风险较高的老年人、儿童、经济困难群体，他们的医疗费用还是较为沉重。俄罗斯自2000年起将强制医疗保险的报销向弱势群体倾斜，允许老年人、儿童、退伍军人等"豁免群体"在基本药物目录下报销50%的药物费用。

2005年俄罗斯建立了以孤残儿童、伤残军人等社会福利人群为对象的补充医疗保障制度，向他们免费提供基本药物，同时对其中因患有血友病、囊胞纤维症、垂体性侏儒症、高雪氏病等非常见病，而发生的超出一般免费医疗保障的医疗需求予以补充保障。2010年俄罗斯的补充医疗保障受益对象超过400万人，支出总额约为849亿卢布，全部来自联邦财政转移支付。

近年来，各类针对弱势群体的补充保障改革进一步改善了俄罗斯医保制度的再分配性。2009年财政对退休者、失业者、婴幼儿和低收入者参加强制医疗保险的补助为2447卢布/（人·年），同期工作者的实际缴费水平为2682卢布/（人·年），两者近乎1:1。考虑到"豁免群体"和其他福利保障对象还可以获得约400卢布/

月的各类补充医疗保障，弱势群体从公共医疗保障体系中的受益远高于中高收入居民。[1]

（三）长期照护服务支付机制

在改革初期，俄罗斯的强制医疗保险沿袭了苏联时代国家医疗保险条目预算管理的费用补偿方式，即根据医疗机构的床位数、人员数、实际医疗服务量核算确定年度补偿标准，预算水平会根据通货膨胀、辖区人口增长等因素调整。条目预算方式下的偿付水平取决于机构服务能力，医疗机构会盲目追求粗放式的规模扩张，以获得更多的服务人流和资金收入，内部精细化管理不足，对于医疗资金的浪费较多。

随着转轨时期政府对医疗卫生体系支持力度的下降，俄罗斯逐步建立起与强制医疗保险制度相匹配的，具有费用控制功能的保险型三方费用支付机制，将偿付水平和医疗服务机构的服务供给数量、质量关联。但受分权化的影响，不同联邦主体间的支付机制选择并不统一。就联邦医疗基金而言，有48个联邦主体采用按项目付费的后付机制，38个联邦主体选择按床位付费机制，5个联邦主体采用总额预付制，1个联邦主体施行按人头付费制，1个联邦主体保留了传统的条目预算制。地方医疗基金普遍采用了按人头付费的办法，但是一些地方引入了“回溯性补偿”的改革，即在预算年度结束后考核医疗服务机构的服务数量和质量，如果其提供必需医疗服务的总成本确实超过了人头费总额，那么由地方基金予以适当补偿。

[1] POPOVICH L，SHISHKIN S. Health Care system in Transition: Russia: report of European Observatory on Health Systems and Policies [R]. Geneva:WHO，2009.

新旧支付机制并存导致跨地区结算关系混乱，地方基金的“回溯性补偿”抵消了人头付费约束下医疗机构的费用控制动机，扩大了供方诱导需求激励，并且补偿水平由地方基金管理者自由裁量，诱发了一定的寻租腐败行为。

第九章

完善我国多层次长期照护保障体系的基本思路

一、完善长期护理保险的基本制度

（一）坚持独立险种的基本定位

制度的独立性是长期护理保险制度试点平稳推进和制度长期稳健运行的基本前提。一方面，长期护理保险着力解决长期失能人员所需服务和资金保障，在基本性质上有异于养老保险的普遍性补偿，保障提供方式、受益覆盖范围也与基本医疗保险明显不同，独立险种设计更加符合长期护理保险制度的底层逻辑。因此，日本、德国等已经建立长期护理保险制度的国家普遍采用独立险种的运行方式，荷兰虽然将长期护理保险称为“特别医疗支出”，但是在制度设计、筹资、基金管理等方面也独立于基本医疗保险政策。另一方面，在我国第一批开展长期护理保险制度试点地区，独立险种设计成为普遍共识，已经形成了一定的可复制、可推广经验。

作为一项新生的社会保险制度，独立险种的定位可以确保长期护理保险在运行过程中不会受到其他险种制度结构和政策规定的依赖与牵制，既为长期护理保险在中长期扩大覆盖范围至全民参保提供了更加广泛的政策可能，也使制度基本保障边界和财务风险权责更加清晰，有利于长期护理保险制度依据自身的发展规律健康可持续成长。

（二）按照“一制两档”方式搭建基本制度

推进长期护理保险制度顶层设计，应遵循城乡统筹、人群统筹、制度统筹的基本理念，把规范统一作为制度发展的优先原则。

从制度模式选择看，长期护理保险制度不论是参照其他社会保险的方式，按照居民、职工分别建制，还是不分人群统一建制，都各有优劣。

1.分别建制的优劣

采用居民护理保险与职工护理保险制度分别建制，其优势有三。一是较好地延续了居民医保与职工医保之间分类保障的政策框架，有利于制度缴费标准的确定和基金分类管理。二是有利于制定差异化的待遇标准，分类制度框架下有利于形成缴费与待遇的关联机制，居民参保人员"低缴费""低待遇"情形更易于被其他参保人员和社会所接受。三是有利于以长期护理保险制度为政策牵引，引导更多有余力的个体工商户、灵活就业人员等交叉群体，转向参加职工长期护理保险。

分别建制的局限性也很明显。一是居民群体筹资难度大。居民群体缴费能力总体偏低，各地居民医保基金也多面临严峻收支压力，再加上当前地方财政困难，各方筹资能力弱化，难以形成稳定的居民护理保险资金池。二是居民基金自平衡困难。在居民医保的成年参保人员中，老年参保人员与劳动年龄阶段参保人员比例在3∶1左右，并呈现加速老龄化状态。如果居民人群单独建制，筹资能力方面又相对薄弱，一旦失能高峰来临，会使这种制度难以维持收支平衡，对医保基金、地方财政都会产生连带影响。

2.统一建制的优劣

采用职工与居民统一建制的方式，其优势有二。一是实现了制度的公平统一，在制度起步期解决了未来制度的并轨难题。二是有利于做大基金池实现风险共济，通过更加合理的制度设计，实现职工群体的筹资余力向居民群体调剂，从而使长期护理保险基金整体处于财务良性状态。

统一建制也存在一定的局限性，主要表现为容易引发人群间攀比效应，模糊了缴费义务与待遇权益之间的关系，影响参保人员缴费积极性和待遇确定的合理性，导致制度面临“高不成、低不就”的风险。

3. 制度安排

建议坚持把规范统一作为长期护理保险制度建制的根本要求，但现阶段尊重我国基本医疗保险制度分类保障的发展现实基础，尊重不同类型参保人员缴费水平的客观差异，可以采用统一制度、分档参保的方式，既一步到位解决基本制度“分而治之”的问题，避免长期面临制度二次并轨的麻烦，又兼顾各类人群缴费义务与基础权益之间的对等，并以此带动更多有条件的居民医保参保人员转入职工医保。

一是坚持统一制度。将居民医保参保人员、职工医保参保人员纳入统一长期护理保险制度，并按规定缴纳长期护理保险费，个人缴费及其他资金汇入统一财政专户，形成覆盖全体参保人员的基金池，实现人群间互助共济。二是坚持分档保障。根据各地基本医疗保险情况和参保人员负担能力，长期护理保险设置三档或更多的缴费、待遇标准。一档为低保、特困、低收入等救助对象人员，由财政承担主要筹资，二档为居民医保参保人员，三档为职工医保参保人员。居民、职工参保人员在缴费标准、待遇水平上应有明显差异，并在人群内部适度体现精算平衡要求，落实权利义务对等原则。三是坚持连带参保。长期护理保险参保人员身份需与基本医疗保险参保身份相一致，即居民医保参保人员只能选择以居民身份参加护理保险，不能跨身份参保享受更高保障待遇。

二、提高长期照护保障体系的可持续发展能力

（一）完善长期护理保险制度的多元筹资机制

1. 多元筹资机制是制度稳定运行的基本前提

在人口老龄化程度加深的背景下，筹资可持续性压力成为各国社保制度的共同挑战。长期护理保险制度是积极应对人口老龄化、提高老有所养质量的重要政策安排，但其自身的财务稳健性和保障可持续性也会受到人口年龄结构变动的冲击。特别是随着高龄失能人员增加，长期护理保险基金的支付压力将几何式增长。如何建立更加可持续的筹资机制，提高长期护理保险长效运行能力，为老年人"老有所护"提供稳健可靠的物质基础，是制度设计的重中之重，也是扩大试点时不能回避的"硬任务"。

面对人口年龄结构变化、宏观经济波动等不稳定因素，单一筹资来源的脆弱性加大，促进多主体共担筹资责任已经是社会保险改革中的基本性共识。建立长期护理保险制度的先行国家在制度设计中也普遍遵循多方筹资理念，不仅雇主、雇员要按比例缴纳社会保险费，形成互助共济的基金池，而且把财政作为社会保险的重要且稳定的筹资方。例如，日本长期护理保险筹资中除参保人员缴费外，50%来自财政的直接拨款，荷兰长期护理保险资金中强制性保费收入约占70%，一般财政转移支付占22%。

我国长期护理保险第一批试点地区对于多元筹资的探索还不充分，基金来源结构总体单一，个人缴费责任尚未明确，财政等多元资金来源不稳定，个别地方甚至以基本医疗保险基金作为制度的唯一筹资方。尽管当前各试点地区制度运行状况良好，基金积累率较

高，但考虑到我国人口高龄化高峰还未到来，失能人员在老年人中比例处于低位，保障需求释放尚不充分，现阶段处于制度积累的“红利期”，并不能作为长期护理保险中长期运行情况的参照。因此，健全完善多元筹资机制在扩大试点中显得尤为重要。应进一步明确单位和个人筹资责任，清晰划定筹资比例，丰富筹资来源和筹资组合方案，为制度可持续发展和长期护理保障有效供给奠定扎实的物质基础。

2.高度依赖医保基金的筹资方案需加快扭转

在长期护理保险制度试点启动后，长期护理保险与基本医疗保险的关系成为学术界和业界关注的焦点。由于试点地区的长期护理保险资金都或多或少来自基本医疗保险基金划转，一部分人错误地把长期护理保险视为基本医疗保险“附加”。事实上，社会保险制度的筹资来源和方式与制度是否独立建制并无绝对关联。在社会保险制度筹资机制设计中，长期存在着单险种独立筹资与多险种混合筹资两种方式，例如，俄罗斯的养老、医疗保险制度就主要依赖统一社会税进行一揽子筹资。只要基金分别建账，收支责任明确，并不会影响社会保险基本制度的独立运行和有效保障。

在制度试点过程中，由于长期护理保险制度方案尚未确定，可以暂时阶段性通过基本医疗保险基金划拨方式解决长期护理保险的筹资来源。一是由于没有新增缴费项目，个人和企业实际负担没有变化，更加适应供给侧结构性改革下“降成本”的长期战略性要求。二是通过医疗保险缴费按比例划转的方式确认单位、个人缴费责任，为科学确定筹资总额和明确主体间筹资结构提供了依据。三是老年人的长期失能风险与健康风险同源，医疗护理服务也是长期护理保险的支付范围，再加上长期护理保险的建立有力地促进了基本医疗保险基金集约利用，以基本医疗保险基金作为筹资来源具有明确的逻辑自洽性。此外，从医疗保险基金自身运行条件来看，近年来医疗保险改革频频发力，基本制度日趋成熟定型，制度运行绩效显著提升，使医疗保险基金有一定余量适度承担长期护理保险筹资责任。

考虑到长期护理保险制度在运行中会面临着严峻的人口老龄化压力，继续划拨基本医疗保险基金会使基本医疗保险与长期护理保险之间权责关系不清，不利于制度自身的稳定运行，并带来基金间财务连带风险放大等次生问题，应加快建立长期护理保险独立筹资渠道，并在此过程中更加注重和强调长期护理保险制度的精算平衡。通过对长期护理保险基金收支情况和老年人照护服务需求进行中长期模拟，提前预研预判基金可能面临的财务风险压力，做到“收入有数、支出有底、风险有边”。

（二）建立适应职工和居民参保人员特征的参保缴费方式

1.职工参保人员：通过单位和个人缴费筹资

对职工参保人员而言，采用用人单位和职工个人缴费作为主要筹资来源，原则上财政不予以补助，也不安排其他资金来源予以补助，推动释放职工参保人员的缴费潜力。参照各地长期护理保险制度试点实施办法，建议举措如下：

一是起步期不增加缴费负担。在制度起步期，重度失能发生率低、制度内活力老年人占绝大多数，尽量把基本医疗保险中单位缴费与个人缴费的适度比例转为长期护理保险缴费，既体现长期护理保险独立险种地位，又稳定经营主体用工成本负担。

二是坚持单位缴费为主。按照不低于2∶1的比例，确定用人单位缴费与职工个人缴费水平。

三是保持筹资增长弹性。坚持采用比例筹资办法，使长期护理保险基金筹集规模能够随医疗保险基金基数做大而自然增长。同时，在基本政策文件中明确长期护理保险费率水平应随基金实际支出需要而优化调整，为长期调增制度筹资水平留有余量。

2.居民参保人员：落实个人缴费前提下多方共同筹资

对居民参保人员而言，考虑到完全由居民个人缴费，既约束了基金筹集规模，也影响了广大居民的参保可及性。应在落实个人缴费责任的前提下，形成多方共同筹资机制。但需注意各方筹资来源比例结构，避免个人责任过小、财政支出过重，既增加了地方财政负担，也导致了福利依赖效应。建议举措如下：

一是落实个人缴费责任。以当地居民人均收入为基数，按照不低于职工参保人员费率为标准，确定当年居民参保人员的个人缴费额。在制度起步期，居民医保个人缴费占居民参保人员实际总筹资比例不宜低于1/3，并逐步提高至50%左右。

二是形成常态化各级财政补助和多方筹资机制。在财政补助方面，按照居民参保人数核定人均补助标准，并由各级财政分担补助责任。在制度起步期，可在不影响居民医疗保险运行的前提下，从居民医疗保险基金中划转财政补助资金。同时，鼓励多方承担长期护理保险筹资责任，将地方福利彩票公益金按固定比例划转拨付给长期护理保险基金。

（三）形成更加可持续的筹资标准

1.合理划定筹资责任边界

从测算情况看，目前职工、居民的筹资标准并不适宜，按照目前筹资标准推算，即使重度失能人员也难以实现“应保尽保”。主要原因如下：一是我国人口老龄化全面提速，但现阶段老年人口中活力老年人占绝大多数，“失能潮”起步时间往往较老龄化高峰时延后10年左右，用现阶段的失能发生率按照以支定收、略有结余的方式匡算基金收入，难以适应未来失能人员大幅增加、基金支出快速增长的要求；二是仍有较多地区在居民参保人员筹资时采用定额筹资标准，导致筹资缺乏调整空间，难以根据基金支出变动进行适应性调整。

为此，建议职工、居民筹资标准作两方面调整。一是对制度进行长期精算模拟，根据面向2035年、2050年基金长期支付需要，确定现阶段适宜费率、筹资标准，尽量为制度长期稳定运行做好预筹积累。二是框定制度支付范围，形成统一的长期护理保险目录，稳定基金支出责任。

2. 建立筹资标准动态调整机制

从长期看，长期护理保险待遇给付责任与人口年龄结构密切相关，随着人口老龄化程度的加深，基金支付压力必然持续加大。从日本、韩国等国家政策实践来看，长期护理保险支出增长会超过预期。为此，应按照"料支从宽"的思路，作好当期储备和筹资的动态调整。

一是建立筹资自然增长机制。对职工、居民参保人员，均采用比例筹资办法，使基金筹资能够随基数增长自然调整。其中职工采用以用人单位和职工个人基本医疗保险缴费费基为基数，随着每年工资总额的调整和职工个人收入水平的增长而逐年递增。居民参保人员根据当期居民收入实际状况"量能缴费"，并探索建立"多缴多保"长效机制，进一步释放社会参保缴费意愿。

二是作好预筹积累。对长期护理保险中长期财务状况进行精算测量，充分预估基金长期收支压力，积极利用我国人口老龄化程度总体还在进展期、活力老年人占老年人比例高的窗口机遇，在现阶段提高基金积累水平，为制度长期可持续发展留有一定的资金余量。

三是明确财政补助机制。从长期看，由于人口老龄化的不可逆特征，带来基金支出刚性日益增强，长期护理保险难以单纯依赖缴费资金实现制度自平衡，应探索建立更加明确的财政补助机制，确定财政责任。建议出台长期护理保险预算管理制度，明确基金来源中财政补助所占比例，形成更加均衡的三方筹资机制。把社会保障长期战略储备基金作为长期护理保险的财务风险保障来源，积极应对人口老龄化高峰时的照护需求支付缺口。

三、提高长期护理保险制度的互助共济能力

（一）强化制度的城乡统筹水平

坚持把“一制两档”作为长期护理保险制度构建的基础性安排，在这一过程中既兼顾不同类型参保人员的平等参保权益，使居民参保人员同样可以参加长期护理保险制度并享受待遇。同时，在统一制度、分档保障的框架下，兼顾目前的城乡差别、筹资能力差别，实现两类群体的相对公平保障。

职工、居民采用“一制两档”方式纳入统一的护理保险制度后，两类群体缴费金额将汇入统一基金管理，不再分别建立基金。由于基金不分人群统收统支，可以实现职工群体筹资适度向居民群体倾斜，做到城乡之间的互助共济，强化长期照护保障的长期收入调节功能，提升制度内生再分配水平。但考虑到长期护理保险制度长期稳定运行要求，如在缴费差异明显的条件下，完全实现待遇机制的均等化，对于制度稳定运行不利，也影响职工人群的参保积极性，建议两类群体大致实现人群内部的精算平衡，坚

持待遇与缴费关联挂钩，避免形成过度的群体攀比效应，或逆向转移支付情况。

（二）落实退休人员参保缴费政策

从国际经验看，退休人员是长期护理保险重要的缴费人群，在日本的长期护理保险政策框架下，甚至形成了"活力老年人"养"失能老年人"的赡养结构。由于我国人口老龄化刚性强，长期失能规模大，提高制度的内生筹资能力，有必要拓展制度的基础参保缴费人群，推动有参保能力的人员积极缴纳保险费。

一是从制度定位来看，长期护理保险以"独立险种"方式实施，在缴费政策方面不需要依从职工医疗保险。长期护理保险全面建制后，将作为独立社会保险制度自平衡运行，在参保缴费规定上无须参照或依从职工医疗保险规定，应要求全部参保人员按规定缴纳长期护理保险费。

二是从制度财务平衡需要来看，"活力老年人"同样是护理保险制度的贡献群体，日本等国家长期护理保险要求退休人员正常缴费，活力老年人缴费对缓解制度赡养结构压力、实现制度财务平衡至关重要。为此，应进一步释放退休老年人的缴费潜力，扩大制度筹资来源。

三是应建立个人缴费与社保基金共同担责的退休人员筹资机制。退休人员以个人养老金为基数承担个人缴费责任，单位缴费责任部分可通过职工养老保险统筹基金划转等方式解决，缴费标准不低于单位费率水平。如在职工养老基金支付困难，且财政无力补助的情况下，也应明确权益记账，明晰长期护理保险基金为退休职工承担的债务责任。

（三）建立适应灵活就业人员的参保缴费办法

随着我国就业方式和劳动用工形式的多元化，个体工商户、灵活就业人员在城镇就业人员中的占比日益提高，理应解决好这一群体的护理保障问题。但灵活就业人员经济条件和财务负担能力较强，应按照职工身份纳入长期护理保险制度，这样既可以更好满足他们高质量保障需求，也可以进一步充实长期护理保险基金收入。

在参保方面，考虑到长期护理保险与基本医疗保险在参保身份中不宜交叉，只有参加职工医疗保险，才可以职工身份参加长期护理保险，建议在完善灵活就业人员基本医疗保险参保缴费办法的同时，统筹做好灵活就业人员以职工身份参加长期护理保险的政策设计。在具体措施上，应进一步提高灵活就业人员参加职工医疗保险的强制性，对于确认在互联网平台持续就业的平台就业人员，应通过组织强制参保方式纳入职工医疗保险并以职工身份参保长期护理保险。对税务机关确认劳务收入高于当地全口径平均工资水平的灵活就业人员，应作为职工医疗保险重点参保扩面对象。同时，逐步统一并合理确定各地灵活就业人员参保的缴费政策，在基金可负担范围内适度降低以灵活就业人员身份参保的缴费率过高地区的费率，并为以灵活就业人员身份参保的人员建立门诊共济保障机制，提高参保吸引力。

在缴费方式和缴费标准上，应以当地全口径社会平均工资为基数，费率水平应明显高于职工个人缴费费率，但可适度低于职工与单位费率之和，对灵活就业人员形成更好的缴费激励。对灵活就业人员中的平台就业人员，考虑目前平台单位利润不高，如要求平台承担雇主缴费责任，平台就可能进一步提高服务费和其他中介费用，会对关联经营主体和消费者消费行为形成较大影响，甚至冲击平台市场，建议侧重发挥平台的参保组织功能和信息共享功能，仍由平台就业人员自行缴费。

（四）做好困难人员的参保兜底

一是按照分层分类救助思路，制定参保救助政策。对特困人员和重病重残的低保对象，按照100%的最低缴费标准资助参保。对防止返贫监测对象、其他低保对象，按照适宜比例资助参保，鼓励有条件的地方出台低保边缘群体等低收入群体资助参保政策。

二是提高救助对象的支付标准。对特困、重病重残低保对象等人群，长期护理保险政策内费用按照100%报销，提高其他救助对象的政策内费用报销比例，避免出现护理费用自付部分超过救助对象负担能力，影响他们基本生活的情形。

三是统筹利用各方补助资金。对于特困、低保、低收入人员，由中央、地方财政列支费用予以补助，将原来支付给特困人员、重病重残救助对象的长期护理服务补助等资金，统筹补充进长期护理保险基金，作为救助对象参保救助的资金来源，使低收入群体、困难群体可以平等享受长期护理保险的保障政策，并推动多层次保障机制有效衔接。

四、强化多层次长期照护保障体系的政策协同

（一）合理丰富多层次长期照护保障组织形式

一方面，丰富商业性长期照护保障产品形式，把长期照护服务作为商业照护保障产品的核心产品特征，避免出现长期储蓄类产品、理财类产品以长期照护产品名义销售的现象。参照普惠性健康

保险的做法，发展普惠性长期照护保障产品，扩大多层次长期照护保障体系配置的基本面。另一方面，参照补充医疗保险的做法，发展适用于用人单位的补充照护保障产品，以基本长期护理保险待遇清单、项目目录为依据，按照政府引导、单位主导予以分层管理，既鼓励有条件的地区在基本之上叠加建立以二次报销为特征的补充长期照护保障制度，也鼓励各单位在税收优惠政策空间内自行配置补充长期照护保障产品。

（二）提高多层次长期照护保障体系的吸引力

研究提升多层次保障体系的税收优惠力度，把各类与基本长期护理保险密切衔接的补充性长期照护保障产品纳入税惠范围。针对商业性护理保险“叫好不叫座”问题，丰富长期护理保险产品的产品供给形式。特别是注重增加长期照护保障待遇承诺的产品，并试点打通各类养老年金账户与长期照护保障责任账户，扩大多层次长期照护保障体系筹资规模，推动加快形成有效保障能力。

参 考 文 献

北京义德社会工作发展中心课题组，等，2016. 长期照护保险：国际经验和模式选择[J]. 国家行政学院学报（5）：42–48，142.

曹信邦，2016. 中国失能老年人长期护理保险制度研究：基于财务均衡视角[M]. 北京：社会科学文献出版社.

陈鹤，等，2021a. 长期护理保险财务可持续性：基于微观仿真方法和保险报销数据的评估研究[J]. 保险研究（10）：64–78.

陈鹤，等，2021b. 长期护理保险试点财务赤字风险的评估研究：基于第一批15个试点方案的分析[J]. 中国卫生政策研究，14（12）：42–50.

陈璐，等，2013. 中国长期护理保障制度的财政负担：基于德、日社会保险模式的测算[J]. 保险研究（1）：106–118.

陈诚诚，2020. 长期护理保险试点地区筹资机制的实施现状与政策述评[J]. 学习与实践（6）：88–96.

戴卫东，2014. 长期护理保险：理论、制度、改革与发展[M]. 北京：经济科学出版社.

戴卫东，2016. 长期护理保险：中国养老保障的理性选择[J]. 人口学刊，38（2）：72–81.

戴卫东，2017. 长期护理保险的“中国方案”[J]. 湖南师范大学社会科学学报（3）：107–109.

邓晶，等，2017. 长期护理保险第一批试点城市保险筹资方案比较分析[J]. 中国卫生政策研究，10（8）：13–17.

房莉杰，等，2016.长期照护筹资模式：OECD国家的经验与中国三城市的实践[J].社会发展研究，3（3）：150-169，245.

封进，等，2015.医疗需求与中国医疗费用增长：基于城乡老年医疗支出差异的视角[J].中国社会科学（3）：85-103，207.

高和荣，2019.医保统领“三医联动”改革的内在矛盾及消解[J].南京社会科学（6），65-72.

高秋明，等，2019.完善社会医疗保障的政策工具选择：基于城乡居民医保整合的实证研究[J].中国特色社会主义研究，1（4），63-68.

顾大男，等，2006. 1992—2002年中国老年人生活自理能力变化研究[J].人口与经济（4）：9-13.

顾昕，2019.中国医改的新时代与国家医疗保障局面临的新挑战[J].学海，157（1），106-115.

顾雪非，等，2019.全民医疗保障体系：成就、形势与展望[J].中国发展观察（6），5-7.

关博，等，2018.筑牢以人民为中心的多层次民生保障体系[J].宏观经济管理（5），30-34.

关博，等，2019.中国长期护理保险制度：试点评估与全面建制[J].宏观经济研究（10）：103-111，156.

海龙，等，2018.中国长期护理保险政策评析与优化[J].宏观经济研究（12）：116-124.

郝勇，等，2018.长期护理保险的居家照护供给结构研究[J].华东理工大学学报社会科学版，33（4）：115-123.

胡宏伟，等，2015.中国老年长期护理服务需求评估与预测[J].中国人口科学（3）：79-89，127.

胡晓毅，等，2018.基本医疗保险治理机制及其完善[J].学术研究，398（1），105–112.

华颖，2020.中国医疗保险经办机制：现状评估与未来展望[J].西北大学学报（哲学社会科学版）（3），157–166.

黄枫，等，2012.基于转移概率模型的老年人长期护理需求预测分析[J].经济研究，47（S2）：119–130.

蒋承，等，2009.中国老年人照料成本研究：多状态生命表方法[J].人口研究，33（3）：81–88.

姜春力，等，2020.我国长期护理保险制度试点成效、问题和建议[J].中国经贸导刊（19）：29–33.

李佳，2020.中国长期护理保险制度财政负担可持续性研究：基于17种试点方案测算[J].社会保障评论，4（4）：53–71.

李明，等，2014.中国失能老年人口长期照护服务体系的发展策略[J].山东社会科学（5）：95–99.

李新平，等，2019.基于转移概率矩阵模型的失能老年人长期照护保险缴费率分析：以天津市为研究对象[J].人口与发展，25（2）：11–19.

李亚青，等，2018.基本医疗保险财政补贴的政府间责任分摊研究[J].财经科学（2），99–112.

李元，2018.我国失能老人长期照护资金规模的测算分析[J].人口学刊，40（5）：78–85.

李月娥，等，2020.长期护理保险筹资机制：实践、困境与对策：基于15个试点城市政策的分析[J].金融理论与实践（2）：97–103.

林宝，2015.中国不能自理老年人口的现状及趋势分析[J].人口与经济（4）：77–84.

林艳，等，2009.为什么要在中国构建长期照护服务体系？[J].

人口与发展，15（4）：52-64.

陆杰华，等，2018.老龄化背景下失能老人照护政策的探索实践与改革方略[J].中国特色社会主义研究（2）：52-58.

孟伟，等，2016.长期照护：国际发展溯源与我国发展构想[J].中国医疗保险（9）：13-17.

牛亚东，等，2020.县域医共体发展现状与问题分析[J].中国卫生经济（2），22-25.

潘屹，2017.长期照护保障体系框架研究：以青岛市长期医疗护理保险为起点[J].山东社会科学（11）：72-79.

彭荣，2009.基于马尔科夫模型的老年人口护理需求分析[J].统计与信息论坛，24（3）：77-80.

彭希哲，等，2015.当代中国家庭变迁与家庭政策重构[J].中国社会科学（12）：113-132，207.

彭宅文，等，2018.新医改、医疗费用风险保护与居民获得感：政策设计与机制竞争[J].广东社会科学，192（4），184-194.

仇雨临，等，2019.改革开放四十周年中国医疗保障制度回顾、评估与展望[J].经济体制改革，214（6），25-31.

施巍巍，2009.国内外老年人长期照护制度研究综述[J].哈尔滨工业大学学报（社会科学版），11（4）：48-53.

宋占军，等，2012.我国长期护理保险需求测算与发展战略[C]//陈秉正，等，2012中国保险与风险管理国际年会论文集.北京：清华大学出版社：605-615.

孙洁，等，2018.社会长期护理保险筹资机制理论分析框架[J].江西财经大学学报（1）：59-68.

孙洁，2021.我国长期护理保险试点的经验、问题与政策建议[J].价格理论与实践（8）：22-27，64.

孙凌雪，等，2020.我国长期护理保险基金支出可持续性研究：以青岛市为例[J].东岳论丛，41（5）：52–62.

锁凌燕，2009.转型时期中国医疗保险体系中的政府与市场[M].北京：北京大学出版社：33–37.

田勇，等，2019.“依托医保”长期护理保险模式可持续性研究：基于城乡居民与城镇职工的比较[J].贵州财经大学学报（2）：91–101.

田勇，2020.中国长期护理保险财政负担能力研究：兼论依托医保的长期护理保险制度的合理性[J].社会保障研究（1）：33–47.

王超群，2018.城乡居民基本医疗保险制度整合：基于28个省的比较[J].东岳论丛，39（11），83–92.

王群，等，2018a.我国长期护理保险试点方案服务项目的比较研究[J].卫生经济研究（11）：38–42.

王群，等，2018b.我国长期护理保险制度试点方案分析[J].卫生经济研究（6）：41–45.

吴海波，等，2018.长期护理保险筹资机制研究：基于全国15个试点方案的比较[J].金融理论与实践（10）：98–101.

杨波，2022.中国长期护理保险制度试点模式比较研究[M]，西安：西北大学出版社.

阳义南，2016.照护还是医疗：老年人健康支出的产出效率比较[J].统计研究，33（7）：19–27.

袁涛，等，2019.省级统筹视角下职工医保基金财务可持续性分析[J].学习与实践（6），96–106.

曾毅，等，2012.21世纪上半叶老年家庭照料需求成本变动趋势分析[J].经济研究，47（10）：134–149.

张良文，等，2021. 2020—2050年我国城乡老年人失能规模及其照护成本的预测研究[J].中国卫生统计，38（1）：39-42.

赵云，2019.公立医院体制机制与医疗保险付费方式适配模式与协同改革[M].北京：科学出版社：1-17.

郑功成，2018.健康中国建设与全民医保制度的完善[J].学术月刊（1），76-83.

“中国长期照护保障需求研究”课题组，等，2018.长期照护：概念框架、研究发现与政策建议[J].河海大学学报（哲学社会科学版），20（1）：8-16，89.

周萍，等，2019.新时期药品带量采购机制研究[J].中国卫生经济，38（5），78-80.

周四娟，等，2021.我国长期护理保险失能等级评定量表的比较研究：以15个试点城市为例[J].卫生经济研究，38（8）：59-62.

朱大伟，等，2019.基于蒙特卡洛模拟的我国老年人长期照护需求测算[J].山东大学学报（医学版），57（8）：82-88.

朱恒鹏，等，2018.医疗价格形成机制和医疗保险支付方式的历史演变：国际比较及对中国的启示[J].国际经济评论（1），24-38.

朱铭来，等，2009.我国老年长期护理需求测算及保障模式选择[J].中国卫生政策研究，2（7）：32-38.

BARRY L C，et al.，2011. Depression and functional recovery after a disabling hospitalization in older persons[J]. J Am Geriatr Soc，59(7): 1320-1325.

COLOMBO F，et al.，2012. Help Wanted? Fair and Sustainable Financing of Long-term Care Services[J]. Applied Economic Perspectives and Policy，34(2): 316-332.

KANE R A，2001.Long-term Care and a Good Quality of Life:

Bringing Them Closer Together[J]. The Gerontologist(3): 293–304.

KANE R A，et al.，1987. Long–Term Care: Principles，Programs，and Policies[M]. New York: Springer Pub. CO.

KATO R R，2018. The future prospect of the long–term care insurance in Japan[J]. Japan and the World Economy(47) 1–17.

LAGERGREN M，et al.，2018. Future Costs of Long–term Care in Japan and Sweden[J]. International Journal of Health Services，48(1): 128–147.

MEJHERT M，et al.，2013. Long term health care consumption and cost expenditure in systolic heart failure[J]. European Journal of Internal Medicine，24(3): 260–265.

CHUNG R Y，et al.，2009. Long–term care cost drivers and expenditure projection to 2036 in Hong Kong[J]. BMC Health Serv Res，24(9): 172.

附录　长期照护保障政策一览表

政策名称	发布时间	发布部门	主要内容
人力资源社会保障部办公厅关于开展长期护理保险制度试点的指导意见（人社厅发〔2016〕80号）	2016年6月	人力资源社会保障部办公厅	明确长期护理保险第一批国家试点的基本政策框架
国家医保局 财政部关于扩大长期护理保险制度试点的指导意见（医保发〔2020〕37号）	2020年9月	国家医保局、财政部	明确长期护理保险第二批国家试点的基本政策框架
民政部 财政部关于组织开展中央财政支持经济困难失能老年人集中照护服务工作的通知（民发〔2023〕53号）	2023年10月	民政部、财政部	中央财政在原渠道下安排资金，对入住养老机构的经济困难失能老年人给予救助
中国银保监会办公厅关于开展人寿保险与长期护理保险责任转换业务试点的通知（银保监办发〔2023〕33号）	2023年3月	银保监会办公厅	开展责任转换业务，允许将处于有效状态的人寿保险保单中的身故或满期给付等责任，通过科学合理的责任转换方法转换为护理给付责任
国家医保局办公室 民政部办公厅关于印发《长期护理失能等级评估标准（试行）》的通知（医保办发〔2021〕37号）	2021年7月	国家医保局办公室、民政部办公厅	印发并实施《长期护理失能等级评估标准（试行）》，科学评估符合长期护理保险待遇享受条件的失能老年人

续表

政策名称	发布时间	发布部门	主要内容
国家医保局 财政部关于印发《长期护理保险失能等级评估管理办法（试行）》的通知（医保发〔2023〕29号）	2023年12月	国家医保局、财政部	规定评估机构、评估人员、评估标准、评估流程等长期护理保险失能等级评估管理
人力资源社会保障部办公厅 国家医疗保障局办公室关于颁布健康照护师（长期照护师）国家职业标准的通知（人社厅发〔2024〕14号）	2024年2月	人力资源社会保障部办公厅、国家医保局办公室	颁布健康照护师（长期照护师）国家职业标准，规范从业者的从业行为，引导职业教育培训的方向，为职业技能评价提供依据
国家医疗保障局关于印发《长期护理保险失能等级评估机构定点管理办法（试行）》的通知（医保发〔2024〕13号）	2024年4月	国家医保局	从定点评估机构确定、机构运行管理、监督管理等角度，规范长期护理保险失能等级评估机构定点管理